CLASSIQUES EN POCHE

Collection
dirigée
par
Hélène Monsacré

LYSIAS

CONTRE ÉRATOSTHÈNE

Texte établi et traduit
par
Louis Gernet et Marcel Bizos

Introduction et notes
de
Charalampos Orfanos

Deuxième tirage

LES BELLES LETTRES

2021

Le texte et la traduction
sont repris du volume correspondant
dans la Collection des Universités de France (C.U.F.),
toujours disponible avec apparat critique et scientifique.
(Discours, I-XV)

95 boulevard Raspail 75006 Paris.
www.lesbelleslettres.com

Premier tirage 2010

ISBN : 978-2-251-80013-4

INTRODUCTION

par Charalampos Orfanos

La date

Dès la fin de l'été 403, les Athéniens prêtèrent serment collectivement de « ne pas garder rancune [1] » pour les crimes commis sous le gouvernement oligarchique des Trente (404/403). Dans son discours *Contre Ératosthène, un des Trente*, Lysias essaie de contourner cette amnistie pour obtenir la condamnation de celui qu'il présente comme étant responsable de l'arrestation en pleine rue, de l'emprisonnement et de l'exécution arbitraire de son frère Polémarque. Le discours est donc postérieur au serment, mais pas de beaucoup. En effet, la confiscation des biens des Trente y est encore envisagée par Lysias comme une éventualité [2]. Or, cette mesure fut effectivement votée

1. *Mē mnēsikakeîn.* Quelques sources littéraires contemporaines des événements, outre le *Contre Ératosthène* : XÉNOPHON, *Helléniques*, II, 4, 43 ; LYSIAS, *Contre Agoratos* ; fr. 1, 2 *(Contre Hippothersès)* ; ANDOCIDE, *Sur les Mystères*, 80-81 ; 90-91 ; 95 ; ISOCRATE, *Contre Callimachos*, 3 ; 23 ; *Sur l'attelage*, 43 ; ARISTOPHANE, *Ploutos*, v. 1146. Cf. ARISTOTE, *Constitution d'Athènes*, 39 ; DIODORE DE SICILE, XIV, 3, 5-7. Sur l'amnistie, voir D. KRENTZ, *The Thirty at Athens*, Ithaca et Londres, 1982, pp. 44-56, 102-108 et *passim* ; N. LORAUX, *La Cité divisée. L'oubli dans la mémoire d'Athènes*, Paris, 1997, pp. 25-47 ; 146-172 et *passim*.

2. Voir § 83, n. 112. Cf. n. 47.

en 402/401. Par conséquent, la procédure de reddition de comptes *(eúthunai)* lors de laquelle Lysias s'attaqua à Ératosthène est antérieure à cette date. Il est même vraisemblable que, pour des raisons différentes, aussi bien les Athéniens qu'Ératosthène lui-même étaient pressés de voir aboutir cette procédure, qui a pu se dérouler au cours de l'automne 403. Quoi qu'il en soit, ce discours est la source littéraire la plus proche de la tyrannie des Trente et le meilleur aperçu de ses conséquences sur la vie politique et sociale d'Athènes ; c'est en tant que leçon d'histoire, et aussi pour ses qualités littéraires, qu'il mérite d'être lu et relu.

Qui était Lysias ?

Lysias est né à Athènes, vraisemblablement aux environs de 440 av. J.-C. [3]. Son père Céphalos, qui venait de Syracuse, s'y était installé en tant que résident étranger (*métoikos*, « métèque »), sur invitation de Périclès [4] et avait fondé une florissante industrie de fabrication de boucliers, faisant de

3. La courte biographie de Lysias que l'on doit à un auteur du Ier siècle avant J.-C., DENYS D'HALICARNASSE (*Orateurs attiques*, 8), ainsi que d'autres sources anciennes qui semblent suivre sa chronologie (dont [PLUTARQUE], *Vies des Dix orateurs*, 835d), font naître l'orateur bien plus tôt (en 459/458). D'après Denys, Lysias aurait émigré avec son frère à Thourioi au moment de la fondation de la ville, en 444/443 ; il n'aurait eu alors que quinze ans et aurait vécu trente-deux ans en Italie avant de revenir à Athènes en 412/411, pour commencer sa carrière de logographe en 403, à l'âge de cinquante-cinq ou cinquante-six ans. Cette chronologie semble artificielle et induite par le besoin d'inclure Lysias dans le groupe de célébrités liées à la fondation de Thourioi ; elle est pourtant suivie par certains encore de nos jours : voir la discussion par S. C. TODD, *A Commentary on Lysias, Speeches 1-11*, Oxford, 2007, Introduction générale, pp. 6-7.

4. Voir § 4.

sa famille l'une des plus riches de son époque [5]. À l'âge où les jeunes Athéniens de son milieu social se formaient à l'art de la parole et du raisonnement, Lysias émigra à Thourioi, en Italie du Sud, où il passa sans doute une vingtaine d'années dans la fréquentation de quelques-uns des plus célèbres penseurs de l'époque [6]. Il revint à Athènes en 412/411, au lendemain de la débâcle athénienne en Sicile. Cependant, sa carrière de logographe professionnel – écrivain de discours judiciaires destinés à être prononcés par le client lui-même – ne commence qu'en 403/402, à l'issue d'un exil de quelques mois à Mégare, où il s'était réfugié pour échapper au pogrom lancé par les Trente contre les résidents étrangers (404/403) [7]. Il avait alors plus de trente-deux ans. La raison de ce début de carrière tardif est que, avant la spoliation de ses biens par les tyrans, Lysias était si riche qu'il n'avait nullement besoin de travailler [8]. Mais qu'est-ce qui a pu lui donner l'idée d'exercer ce métier

5. Voir § 19 et n. 25.

6. S'il est vrai qu'il s'y est installé quand il n'avait que quinze ans (donc, dans les années 430). Utopie politique et urbanistique rappelant les « villes nouvelles » de l'époque contemporaine, la fondation de la colonie panhellénique de Thourioi, dans le golfe de Tarente, est surtout une manifestation de l'ambitieuse politique extérieure de Périclès. Des personnalités comme l'urbaniste Hippodamos de Milet, l'historien Hérodote d'Halicarnasse, Empédocle et le sophiste Protagoras semblent s'être associées à cette aventure.

7. Voir §§ 6-11 ; cf. XÉNOPHON, *Hell.*, II, 3, 41. Les Trente faisant des résidents étrangers les boucs émissaires commodes de leur politique ultra-violente ne sont pas sans rappeler des régimes autoritaires du XXe siècle. Pour l'analogie avec les nazis, voir Jules ISAAC, *Les Oligarques, Essai d'histoire partiale* [Minuit, 1945], Calmann-Lévy, 1989.

8. Dans le *Contre Ératosthène*, il dresse l'inventaire de ses biens spoliés par les tyrans. Voir §§ 11 ; 18 ; 19 et n. 16 et 24. Malgré ce pillage systématique, il lui restait encore suffisamment de ressources pour fournir aux démocrates exilés, en lutte contre les Trente, une aide substantielle (voir LYSIAS, fr. 1, 6, I, ll. 12-18 ; cf. [PLUTARQUE], *Vies des Dix orateurs*, 835f 3-8.

plutôt qu'un autre ? La réponse est sans doute, du moins en partie, le succès esthétique et, peut-être, la résonance politique de son premier discours, le *Contre Ératosthène*, qui a dû faire de Lysias un logographe très demandé, malgré l'échec judiciaire qu'il a probablement essuyé [9]. Si nous n'avons conservé sous le nom de Lysias que trente-cinq discours, nous savons qu'il en composa des centaines. Ses biographes anciens parlent de deux cent trente-trois discours écrits entre 403 et 380, date de sa mort.

Néanmoins, le choix professionnel de Lysias reste surprenant ; comment un homme qui savait qu'il ne pourrait probablement jamais prendre la parole devant un tribunal ou une assemblée politique de la cité a-t-il pu choisir de faire carrière dans l'art de la parole publique ? En effet, à cette époque, un métèque n'avait pas le droit de parler en son nom propre devant un tribunal athénien et devait se faire représenter par son *prostátēs*, un citoyen ayant accepté de devenir son tuteur et représentant légal [10]. Et la reconnaissance des démocrates pour les services que Lysias leur avait rendus pendant l'exil n'a jamais donné lieu à une mesure concrète de naturalisation [11]. À une date antérieure

9. Voir S. C. Todd, *op. cit.*, p. 13.

10. Comme le prouve de façon incontestable le *Contre Hippothersès*, discours par lequel Lysias essaie de récupérer une partie de ses biens confisqués par les Trente, mais qu'il n'a pas prononcé lui-même (Lysias, fr. 1, 2 Gernet-Bizos). Voir, sur les métèques à Athènes et sur les nombreuses incertitudes concernant leur statut, A. R. W. Harrison, *The Law of Athens*, vol. I, *The Family and Property*, Oxford, 1968, pp. 187-199 ; D. Whitehead, *The Ideology of the Athenian Metic*, Cambridge, 1977, pp. 89-97.

11. Thrasybule a fait voter un décret de naturalisation en faveur de tous ceux qui avaient prêté main forte aux « gens du Pirée », mais ce décret a été attaqué par ses adversaires politiques et annulé pour vice de forme, si bien qu'il n'a pas pu avoir de conséquence concrète sur la vie

au coup d'État de 404, Lysias et sa famille étaient sans doute devenus *isoteleîs*, c'est-à-dire résidents étrangers exemptés de *metoíkion*, la taxe spéciale qui frappait les métèques [12]. Les métèques *isoteleîs* bénéficiaient-ils d'un accès privilégié au système judiciaire athénien ? Ce n'est pas impossible, mais, sur cette question, rien ne peut être déduit du *Contre Ératosthène*, si ce n'est que ce n'est pas un discours comme les autres. En effet, à la différence des discours qu'il écrirait plus tard en tant que logographe professionnel, dans le *Contre Ératosthène*, Lysias parle à la première personne. Certes, il s'agissait d'une reddition de comptes et non d'un procès ordinaire, mais il eût été surprenant que des non-citoyens fussent autorisés à prendre la parole lors d'une procédure aussi profondément politique. La seule façon d'expliquer cette anomalie est qu'il ne s'agissait pas non plus d'une reddition de comptes ordinaire. En effet, un des premiers crimes des Trente – et un des plus odieux – fut précisément la chasse aux métèques à laquelle succomba Polémarque [13]. On peut comprendre que la démocratie restaurée ait voulu donner aux victimes de ce crime l'occasion d'exprimer personnellement leur point de vue et de contribuer ainsi au châtiment des coupables, dès lors que ceux-ci avaient été autorisés à rendre des comptes. Que Lysias ait été un simple métèque ou, ce qui est plus

---

de Lysias. Voir ARISTOTE, *Const. d'Athènes*, 40, 2. Cf. [PLUTARQUE], *Vies des Dix orateurs*, 835f 8-11, qui présente ce décret comme une mesure personnelle en faveur de Lysias.

12. [PLUTARQUE], *Vies des Dix orateurs*, 836a 2-3 ; *contra* T. C. LOENING, « The Autobiographical Speeches of Lysias and the Biographical Tradition », *Hermes*, 109, 1981, pp. 280-294, qui pense que les Athéniens firent de Lysias un *isotelēs* (« étranger soumis au même régime fiscal », s.-e. : que les citoyens athéniens), pour le remercier d'avoir contribué à la restauration démocratique et que, avant 403, ni Lysias ni sa famille ne bénéficiaient de ce statut privilégié.

13. Voir § 6 et n. 12.

probable, un *isotelēs*, il avait – ou il obtint spécialement pour l'occasion – le droit de s'exprimer en personne, en son nom propre, devant un tribunal appelé à statuer sur la façon dont Ératosthène s'était comporté dans l'exercice du pouvoir [14].

Le *Contre Ératosthène* et les aventures de la famille de Lysias dont il rend compte ont permis toute sorte de spéculations sur les idées politiques de l'orateur lui-même. Car il existe une contradiction entre l'engagement politique clair en faveur de la démocratie, dont l'orateur fait état dans notre discours et dans le fragmentaire *Contre Hippothersès*, et le nombre considérable de discours prononcés par Lysias en faveur de « gens de la ville » : cinq sur un total de vingt-huit discours judiciaires [15]. Cela ne signifie pas que Lysias ait été idéologiquement proche de certains oligarques prétendument modérés ni qu'il ait été adepte de quelque « juste milieu » politique, mais qu'il a choisi de présenter ces clients comme des modérés, parce que, à l'époque où l'on pouvait, comme Ératosthène, se tirer d'affaire en revendiquant l'héritage politique du « modéré » Théramène, il n'était probablement pas de bon ton de se dire « extrémiste ».

L'affaire

L'enjeu du discours est d'éviter que les deux crimes, l'exécution de Polémarque et le pillage des biens familiaux

14. Sur la procédure, voir *infra*.

15. Lysias, *Sur l'olivier sacré* ; *Pour Mantithéos* ; *Sur la confiscation des biens du frère de Nicias* ; *Défense d'un anonyme accusé de corruption* ; *Pour un citoyen accusé de menées contre la démocratie*.

de Lysias par une clique de conjurés, restent impunis à cause de l'amnistie. Un bref retour en arrière sera nécessaire pour comprendre comment cela s'est passé.

En septembre 405, la flotte athénienne stationnée à Aigos Potamos, dans le détroit des Dardanelles, fut capturée par les Spartiates, surprise alors qu'elle tentait de faire mouvement vers Sestos, vers le sud-ouest du détroit. Obtenue grâce au soutien des Perses, cette victoire spartiate coûta la vie à un nombre effrayant de citoyens athéniens – les sources parlent de trois ou quatre mille morts. La route maritime d'approvisionnement d'Athènes en blé fut définitivement coupée. La flotte spartiate, sous les ordres de Lysandre, le stratège victorieux, fait alors route vers Athènes et bloque le port du Pirée par la mer, tandis que des renforts terrestres importants accourent du Péloponnèse et campent à l'Académie, à quelques centaines de mètres de la ville d'Athènes. Assiégés, leurs réserves alimentaires épuisées dès le mois de novembre, les Athéniens résistèrent pendant tout l'hiver, tout en essayant de négocier avec leurs ennemis. Ils capitulèrent à la fin du mois de mars 404 et acceptèrent de neutraliser eux-mêmes le système défensif de la ville d'Athènes et du Pirée en détruisant une partie des murs [16].

Ils acceptèrent aussi d'abandonner le régime de la démocratie directe tel qu'ils le pratiquaient depuis la mort de Périclès, en 429, pour revenir à « la démocratie d'antan » *(pátrios politeía)*, sans savoir exactement ce que cela voudrait dire en termes constitutionnels [17]. Pendant tout l'été 404, les adversaires de la démocratie essayèrent de créer un consensus autour d'une forme de gouvernement

16. Voir §§ 40, 63 et n. 51, 80, 81 et 89. Sur la bataille navale d'Aigos Potamos, cf. § 36 et n. 48. Cf. D. KRENTZ, *op. cit.*, pp. 28-43.

17. ARISTOTE, *Const. d'Athènes*, 34, 3.

oligarchique sans parvenir à faire plier la résistance des démocrates. En septembre, enfin, ils firent intervenir une nouvelle fois les Spartiates. Lysandre, assisté de deux autres officiers, est venu en personne parler devant l'assemblée des Athéniens et leur intimer l'ordre de renoncer complètement à la démocratie et de remettre le pouvoir à trente individus. Ce fut fait séance tenante [18].

Les Trente furent pour la plupart désignés par cooptation, et l'assemblée leur accorda les pleins pouvoirs [19]. La junte, dont les membres les plus influents furent Critias et Théramène, et dont Ératosthène faisait partie, s'inscrit dans la continuité de la politique oligarchique initiée par le régime des Quatre Cents, qui avaient pris le pouvoir à Athènes pendant quatre mois en 411/410, un an après le désastre athénien en Sicile [20]. Après avoir nommé leurs principaux collaborateurs – dont les plus importants étaient les Onze, chargés des pouvoirs de police, y compris politique, et les Dix, chargés d'administrer le Pirée –, les Trente commencent à éliminer leurs adversaires potentiels, moyennant une série de procès devant le Conseil des Cinq Cents *(Boulē)* qui leur est inféodé et qu'ils président eux-mêmes. Dans la foulée, ils firent condamner et exécuter, selon la même procédure, un nombre indéterminé de citoyens réputés être des « sycophantes », des « voleurs d'argent public » et autres corrompus, sans rencontrer de résistance [21].

---

18. Contrairement aux termes du traité de paix, que Lysandre estimait déjà rompu par les atermoiements athéniens. Sur le rôle de Théramène lors de cette assemblée, les sources divergent ; voir D. KRENTZ, *op. cit.*, p. 49, n. 21.

19. Voir § 76 et n. 101. Sur les représentants des *hetaireîai* ou « clubs » d'oligarques, surnommés « éphores », cf. § 43 et n. 54.

20. Voir § 65 et n. 83-86 et 90. Sur la composition de l'équipe, voir D. KRENTZ, *op. cit.*, pp. 50-56.

21. Voir § 5. « Sycophante » est un slogan oligarchique. Le mot, dont on ne comprend pas très bien le sens premier ni l'étymologie, a fini par

Dans un deuxième temps, les Trente lancèrent contre les métèques une chasse à l'immigré, dont le seul but était de les spolier [22]. Sans doute espéraient-ils profiter d'une

---

signifier au figuré « maître-chanteur ». L'idée qui sous-tend l'usage figuré est la suivante : certains individus auraient profité du système judiciaire de la démocratie pour extorquer des fonds à des riches citoyens, plus particulièrement quand ceux-ci venaient d'exercer un mandat public, en les menaçant de les traîner en justice, voire en les faisant réellement condamner par des dénonciations calomnieuses. La prétendue faille du système démocratique dont ces individus auraient profité était que le contrôle du pouvoir à Athènes s'appuyait sur la bonne volonté, le civisme et la perspicacité des citoyens eux-mêmes : en sortant de mandat, tout élu était susceptible de rendre des comptes devant un jury populaire tiré au sort et de répondre aux éventuelles accusations de tout citoyen qui voudrait bien prendre la parole. En effet, les Athéniens ne disposaient d'aucun équivalent du ministère public des États modernes ; « celui qui voulait » *(ho boulómenos)* pouvait donc devenir « procureur ». Si l'on ajoute à cela le fait que, dans certains types de procès, un pourcentage de l'amende infligée à la partie qui perdait le procès enrichissait directement son adversaire, on voit bien ce que voulaient dire les détracteurs du système. Pour éviter d'avoir à répondre à des accusations – fussent-elles fantaisistes – et de se soumettre ainsi aux aléas d'une procédure judiciaire devant un tribunal populaire, composé de juges sans aucune autre compétence que leur expérience de la vie civique athénienne, les victimes de ce type de chantage seraient donc prêtes à céder au chantage. Or, tant l'absence de ministère public que la composition aléatoire des jurys populaires étaient des principes essentiels pour la démocratie telle que les Athéniens la concevaient, du moins pendant le dernier tiers du Ve siècle : selon leur définition, la démocratie est le système politique où les citoyens ordinaires peuvent décider de tout, sans se sentir obligés de demander l'avis d'aucun expert, en quelque domaine que ce soit ; leur démocratie se passe d'expertise. Et, dans un tel système, les sycophantes avaient un rôle important à jouer : faire respecter la loi par les plus puissants ; voir R. OSBORNE, « Vexatious Litigation in Classical Athens : Sycophancy and the Sykophants », *in* P. CARTLEDGE *et alii* (éd.), *Nomos. Essays in Athenian Law, Politics and Society*, Cambridge, 1990, pp. 83-102. *Contra* D. HARVEY, « The Sykophant and Sykophancy : Vexatious Redefinition ? », *ibid.*, pp. 103-121. Cf. M. R. CHRIST, « Sycophancy and Attitudes to Litigation », 2003, téléchargeable sur http://www.stoa.org/projects/demos/article_sycophancy?page=all&greekEncoding=UnicodeC

22. Voir §§ 6-8.

certaine tolérance de l'opinion, comme celle dont le corps civique avait fait preuve s'agissant des « corrompus » et des « sycophantes ». Toujours est-il que parmi leurs victimes de cette catégorie se trouva le frère de Lysias, Polémarque, arrêté par Ératosthène, emmené en prison et exécuté sans jugement. Lysias lui-même n'échappa à la mort qu'*in extremis*, en réussissant à s'évader de la maison où il était retenu.

Trois ou quatre mois après leur prise de fonction, les Trente – dont le nombre avait été déterminé sans doute par imitation du nombre des sénateurs spartiates – dressèrent une liste de trois mille citoyens, rapprochant le corps civique athénien du nombre des *hómoioi*, ou spartiates de plein droit. En effet, les Trois Mille seraient les seuls Athéniens à bénéficier pleinement de la protection de la loi. Un ou deux mois plus tard, les Athéniens qui ne faisaient pas partie des Trois Mille furent interdits de séjour au centre-ville, sans doute par imitation, là aussi, du statut des périèques (« banlieusards ») de Sparte : eux aussi étaient libres, mais privés de droits civiques [23].

C'est à ce moment-là, en décembre 404, que Thrasybule et quelques dizaines de démocrates exilés reviennent en Attique de Thèbes, où ils avaient trouvé refuge depuis le début de l'automne, et prennent possession de la colline de Phylè – il n'y avait pas encore de forteresse à cet endroit –, à dix-sept kilomètres au nord de la ville d'Athènes, redonnant ainsi de l'espoir à la masse des Athéniens déchus de leurs droits civiques ; certains franchissent le pas et vont rejoindre

---

23. Voir §§ 53-55, n. 68-70

les insurgés [24]. C'est le moment aussi d'un durcissement du régime qui aboutit à l'exécution de Théramène, un des rares membres des Trente à avoir une réputation de modération ou d'inconstance coupable – on le surnommait « cothurne », équivalent athénien de notre « girouette » [25]. C'est sans doute à ce stade que Lysias, qui s'était réfugié à Mégare après son évasion, apporta sa généreuse et peut-être décisive contribution à la démocratie : il recruta sur ses fonds propres entre 300 et 800 mercenaires qu'il envoya en renfort à Thrasybule, ainsi que 200 boucliers et 2000 drachmes [26]. Ce fut le début de la guerre civile qui conduisit, en avril 403, au renversement du régime des Trente, qui se réfugient à Éleusis et sont remplacés par les Dix [27] puis,

24. Voir § 52, n. 65.

25. L'éloge embarrassé de la *Constitution d'Athènes* aristotélicienne est la meilleure preuve de l'opportunisme du personnage : ARISTOTE, *Const. d'Athènes*, 28, 5 : « Pour Théramène, comme la vie politique a été agitée de son temps, les jugements portés sur lui sont divers. Cependant, il semble à ceux qui n'expriment pas une opinion à la légère qu'il ne tentait pas de détruire toutes les formes de gouvernement, comme on l'en accuse faussement, mais qu'il les soutenait toutes tant qu'elles ne faisaient rien contre la loi, en homme convaincu qu'avec toutes on pouvait remplir ses devoirs civiques, ce qui est la conduite d'un bon citoyen, mais sans leur faire de concessions et en les combattant au point de se faire détester quand elles agissaient contre la loi. » *Cf.* 34, 3 et le commentaire éloquent de J. DE ROMILLY, « La notion de "classes moyennes" dans l'Athènes du ve s. av. J.-C. », *REG*, 100, 1987, pp. 1-17 : « On retrouve le principe [de ce régime mixte] lors de la seconde oligarchie athénienne, en 404, chez les plus modérés des partisans de l'oligarchie. On parle à ce sujet d'idées "théraméniennes", Théramène ayant tenté alors de faire triompher une politique que nous appellerions centriste, car il était de ceux qui, selon Aristote, "recherchaient vraiment la constitution des ancêtres" » (p. 9). Sur les présupposés idéologiques de cette projection sur l'Antiquité d'une nostalgie toute moderne du « juste milieu », voir P. SERNA, *La République des girouettes. 1789-1815 et au-delà, une anomalie politique : la France de l'extrême centre*, Paris, 2005, pp. 136-41.

26. Voir D. KRENTZ, *op. cit.*, p. 73, n. 11.

27. Voir §§ 53-56 et n. 69-72.

à la fin de l'été, à un accord de paix entre démocrates et oligarques athéniens, scellé par un serment collectif de tous les Athéniens.

Comment Lysias présente l'affaire

Le problème de Lysias, c'est donc ce serment de paix. D'après Aristote, il stipule que « nul n'aura le droit de reprocher le passé *(mnēsikakeîn)* à personne, sauf aux Trente, aux Dix, aux Onze et aux anciens gouverneurs du Pirée, ni même à ceux-ci après leur reddition de comptes *(euthúnas)* ». Dans des conditions normales de fonctionnement de la démocratie athénienne, un magistrat sortant était susceptible d'être traduit en justice dans un délai de trente jours après la fin de son mandat [28], sur l'initiative d'un comité issu du Conseil *(Boulē)* et composé de dix membres tirés au sort (*logistaí*, « comptables »), pour les aspects financiers de l'exercice, ou d'un comité de dix membres tirés au sort directement dans les tribus (*eúthunoi*, « redresseurs »), assistés chacun de deux assesseurs *(páredroi)*, pour les aspects non financiers ; ces deux comités menaient une enquête, recueillaient le témoignage de « tout citoyen qui le désirait » (*ho boulómenos*) et décidaient, à terme, s'il y avait lieu de poursuivre le magistrat sortant ou non. Lysias a dû s'adresser dans un premier temps aux *eúthunoi*, avant de pouvoir affronter son adversaire devant un tribunal spécial [29], sans doute avec un

28. Pour le délai de trente jours, voir A. R. W. Harrison, *The Law of Athens*, vol. II, *Procedure*, Oxford, 1971, p. 29, n. 2 et, plus généralement sur la procédure, *ibid.*, pp. 208-211 et 28-31 ; cf. http://www.stoa.org/projects/demos/article_law_glossary?page=33&greekEncoding=UnicodeC.

29. La reddition de comptes des anciens membres des Trente s'est déroulée devant une juridiction d'exception, composée uniquement de

certain retard dû à la nature de l'affaire et à la situation confuse qui devait régner à l'automne 403. L'orateur accusa l'auteur de l'arrestation de son frère non seulement d'avoir participé à la planification de ce crime, mais d'avoir fait preuve d'un zèle excessif dans l'exécution du plan qu'il avait établi en concertation avec ses complices, et qui prévoyait une série de perquisitions et d'arrestations à domicile et non en pleine rue. En insistant sur ce point, l'orateur tente d'assimiler implicitement son adversaire à ceux qui s'étaient rendus personnellement coupables d'un crime de sang *(autocheiríai)* et qui, de ce fait, n'étaient pas couverts par l'amnistie mais relevaient du droit commun[30]. Cette confusion contrôlée de deux plans juridiques incompatibles est, bien entendu, un artifice oratoire : personne ne pouvait accuser Ératosthène d'avoir tué Polémarque de sa propre main – c'est pour cela qu'il n'est pas jugé pour meurtre. Tout autre délit commis pendant la tyrannie des Trente était couvert par l'amnistie, à moins que quelqu'un parvînt à prouver, dans le cadre de la reddition de comptes d'Ératosthène, qu'il avait commis un crime précis, prévu par la loi, ce qui était impossible.

C'est pourquoi la lecture de la partie concernant l'exécution de Polémarque, qui occupe à peine plus du tiers du discours (1-36), procure un réel plaisir esthétique par sa véhémence dramatique – la narration est aussi poignante qu'un récit de messager tragique –, mais l'argumentation laisse une impression d'inachevé.

Tout ce qui suit n'est qu'un long réquisitoire politique, d'abord contre Ératosthène (41-55), puis contre Phidon

---

« citoyens ayant un revenu déclaré » (*timēmata parechoménois* : ARISTOTE, *Const. d'Athènes*, 39, 6), et non devant le tribunal ordinaire de 501 jurés qui s'occupait habituellement des *eúthunai* des magistrats athéniens.

30. ARISTOTE, *Const. d'Athènes*, 39. Cf. *supra*, n. 3 ; cf. § 28, n. 39.

(55-62) et surtout contre Théramène (62-78), avant un dernier aperçu de la carrière d'Ératosthène (79-80). La péroraison (81-100) comporte un vibrant appel commun aux deux partis, celui « de la ville », oligarchique, et celui « du Pirée », pour qu'ils scellent leur accord une fois de plus en punissant Ératosthène (93-98).

Comme il est conscient de la faiblesse juridique de sa thèse, l'orateur essaie, par glissements successifs, de faire en sorte qu'Ératosthène soit assimilé aux autres membres des Trente et que les Trente soient considérés comme un groupe indifférencié, dont la cohésion était plus forte que les dissensions. Ce ne serait pas difficile si Théramène n'avait pas été assassiné de manière presque aussi arbitraire que Polémarque ou si Ératosthène s'était rangé de façon trop voyante du côté de l'« extrémiste » Critias. Malheureusement pour Lysias, toute la stratégie d'Ératosthène consistait à se prévaloir de ses relations étroites avec Théramène, lequel faisait désormais figure de héros de la retenue et de la modération. Malgré les efforts considérables que Lysias déploya dans ce sens, lors de ce procès, l'adage selon lequel « les griefs privés servent bien souvent l'intérêt général » n'a probablement pas pu se vérifier ; Ératosthène a gagné [31].

Du conflit et de son importance

Il est une évidence longtemps effacée par la représentation irénique de la « douceur grecque », bien souvent oubliée par les anthropologues de la cité, une évidence que Nicole Loraux

31. ESCHINE, *Contre Timarque*, 2 ; cf. D. ALLEN, « Greek Tragedy and Law », *in* M. GAGARIN et D. COHEN (éd.), *The Cambridge Companion to Ancient Greek Law*, pp. 374-393, et notamment p. 380.

a rappelée avec insistance : en Grèce, pas plus qu'ailleurs, il n'y a de politique sans conflit. Nié par le discours de la concorde et ses diverses figures tutélaires, dissimulé sous le consensus de l'oraison funèbre, laissé hors champ par les « instantanés de famille » que sont les rites, le conflit refait surface aux moments extrêmes des guerres intestines. Et, bien évidemment, il pose problème. Or, voici comment cela devait se passer *déjà* au tout début, selon une célèbre loi attribuée à Solon : « Celui qui, lors d'une *stasis* dans la cité, n'aura pas pris les armes avec l'un des deux partis, qu'il soit privé de ses droits et qu'il n'ait plus part à la cité [32]. » Condamnation de la tiédeur, aux antipodes de toute modération, cette disposition de la « constitution » solonienne pose les fondements de l'attitude qui ensuite deviendrait « extrémisme », dans le cadre de la démocratie « radicale» et, partant, dans notre conception du politique : « Comme si la *stasis* devenait service civique, privé de ses droits de citoyen, c'est-à-dire politiquement mort, sera le citoyen tiède. La neutralité n'existe pas [33]. » Avant l'amnistie de 403, dans le feu de l'action, les Athéniens exclus de leur propre ville par les Trente ne l'avaient pas encore oublié, eux qui « s'irritaient davantage contre ceux de leurs compagnons d'infortune qui tenaient à leur tranquillité que contre ceux

32. ARISTOTE, *Const. d'Athènes*, 8, 5 (trad. Nicole LORAUX, *La Cité divisée. L'oubli dans la mémoire d'Athènes*, Paris, 1997, p. 100). Cette loi excita la curiosité de plusieurs auteurs anciens ; voir, par exemple, la tentative d'interprétation d'AULU-GELLE, II, 12, et l'indignation de PLUTARQUE, *À propos de ceux que la divinité tarde à punir* [*Mor.*, 550 b 11-c 2] : « Mais le comble de l'absurdité est cette loi de Solon qui frappait d'atimie celui qui, lors d'une guerre civile, ne rejoignait aucun des deux camps et refusait de s'impliquer au conflit. » *Cf. Solon*, 20, 1-2 : « La plus particulière et la plus paradoxale de ses lois est celle qui stipule de frapper d'atimie celui qui n'a intégré aucun des deux camps lors d'une guerre civile. »

33. Nicole LORAUX, *op. cit.*, p. 101.

qui s'étaient rendus responsables de tous ces malheurs [34] ». Mais, comment se fait-il que Solon le « sage » qui, plus que toute autre figure de l'époque archaïque, incarne le *métron* en tant que négation de l'*húbris* politique et sociale [35], n'ait pas jugé bon de recommander la mesure dans ce domaine particulier où elle nous semble, maintenant, plus nécessaire que partout ailleurs ?

Car c'est bien aux Trente – et à leurs alliés spartiates que l'on doit l'amnistie, Nicole Loraux l'a déjà dit [36]. Mais c'est à Xénophon que l'on doit la définition du modéré, que l'historien met dans la bouche de Théramène, instigateur et

---

34. ISOCRATE, *De l'attelage*, 14. Plusieurs années après les faits, le logographe – qui tente ici de réhabiliter Alcibiade, le père de son client – s'en indigne. *Cf.* LYSIAS, XXV *(Pour un citoyen accusé de menées oligarchiques)*, 18.

35. SOLON, *fr.* 4c WEST : « Calmez dans votre esprit votre fougue funeste ; vous qui, jusqu'à plus faim, avez accumulé des biens innombrables, modérez votre superbe ; car nous ne saurions nous y faire ; non ! cela ne vous réussira pas. » *Cf. fr.* 13, v. 52 ; *fr.* 16 WEST ; sur la notion d'*húbris* en tant que condensé diachronique d'une série d'idées comprenant celle « de violence injuste, de l'aveuglement d'un coupable, du fonctionnement de la justice, de la sanction du mal, de l'ordre du monde et de l'ordre dans la société et jusqu'à celle de l'organisme que constitue la société elle-même », voir L. GERNET, *Recherches sur le développement de la pensée juridique et morale en Grèce*, Paris, 2001 (1917), pp. 16-48 ; contrairement à Louis Gernet, O. MURRAY, « The Solonian Law of *Hubris* », *in* P. CARTLEDGE, P. MILLETT et S. TODD (éd.), *Nomos. Essays in Athenian Law, Politics and Society*, Cambridge, 1990, pp. 139-45, pense que la loi sur l'*húbris* remontait effectivement à l'époque archaïque et répondait initialement à un besoin de garantir l'ordre public contre l'invasion de désordres privés. *Cf.* J.-P. VERNANT, *Mythe et pensée chez les Grecs*, Paris, 1969, p. 304. Le *locus classicus* pour la définition ancienne de la notion d'*húbris* est ARISTOTE, *Rhétorique*, II, 2, 1378 b 23-25 : « L'*húbris* est (...) un outrage dont aucun bénéfice n'est censé découler pour celui qui l'inflige à l'exception du simple fait de l'avoir infligé, autrement dit, le plaisir de l'infliger. »

36. Nicole LORAUX, *La Cité divisée*, Paris, 1997, pp. 146-72.

complice des deux coups d'État, mais paradigme paradoxal de l'« oligarque modéré »[37] :

> Pour ma part, Critias, je suis en guerre permanente *(aeí pote polemô)* contre ceux qui ne sont pas satisfaits de la démocratie avant que les esclaves et tous ceux qui, par manque d'argent, seraient prêts à vendre la cité pour trois sous, n'y aient pris part. De l'autre côté, je suis aussi un adversaire *(aeì enantíos eimí)* de ceux qui ne trouvent pas belle l'oligarchie avant qu'ils aient soumis la cité à la tyrannie du petit nombre[38].

Guerre sans merci contre les ultras de la démocratie, opposition politique modérée aux tyrans. Entre le *polémios*, l'ennemi qu'on cherche à tuer, et l'*enantíos*, l'adversaire qu'on essaie de convaincre, on pourrait presque parler d'une innocente, d'une toute naïve *variatio* – la rhétorique de Xénophon est coutumière du procédé –, si l'orateur dont Xénophon rapporte les propos n'était pas Théramène, lui qui, « d'un côté s'employait à décorer du plus beau nom les crimes les plus abominables et, de l'autre côté, servait de maître *(didáskalos)* » à ceux qui étaient disposés à les commettre[39]. Aux démocrates, il faut faire la guerre.

37. Jouissant du prestige d'« ARISTOTE », *Const. d'Athènes*, 28, 5, 3-13, la modération de Théramène fait l'objet d'un quasi-consensus parmi les hellénistes. Voir Jacqueline DE ROMILLY, « La notion de "classes moyennes" », *art. cit.* ; N. G. L. HAMMOND, *A History of Greece to 322 B.C.*, Oxford, 1959, p. 444 : « In the manner of his death Theramenes showed himself to be more than a time-serving politician. He died a martyr to the dictum that in an age of revolution moderate and patriotic citizens are destroyed. » Citation d'un des rares opposants à ce consensus : Ph. HARDING, « The Theramenes Myth », *Phoenix*, 28, 1 [*Mélanges Mary E. White*], 1974, pp. 101-111.

38. XÉNOPHON, *Hell.*, II, 3, 48-49 ; même analyse dans PLATON, *République*, VIII, 562 e 7 – b 2.

39. LYSIAS, *Contre Ératosthène*, 78.

Car, indiscutablement, pour la pensée de l'élite grecque, la seule qui soit parvenue jusqu'à nous, l'extrémisme est le propre de la démocratie, non de l'oligarchie. Envisagé parfois à travers des figures qui excitent l'intérêt de l'anthropologue, comme dans l'exemple de l'enquête policière fébrile qui suivit la mutilation des stèles hermaïques au début de l'expédition sicilienne, quand le peuple « plongeait chaque jour davantage dans la sauvagerie *(es tò agriōteron)* en arrêtant de plus en plus de gens [40] », l'extrémisme prend sa source dans la guerre civile, en tant qu'elle est, à partir de celle de Corcyre, perversion de la guerre citoyenne, et se perpétue sous l'influence délétère qu'exercent sur l'âme du peuple des démagogues formés à l'école des sophistes. L'extrémisme politique ancien finit par rejoindre notre conception et notre terminologie moderne à travers les images de *ákros* (« extrême ») et *ákratos* (« non mélangé »), des paronymes qui s'épaulent pour confondre dans un même continuum de l'excès des notions diverses : l'extrémité du territoire, la boisson des barbares, l'incapacité de se retenir devant les innombrables plaisirs offerts par la vie dissolue de la démocratie et le vide de pouvoir ou anarchie, qui sont autant de conséquences de la multiplication des décideurs au sein du corps civique.

40. THUCYDIDE, VI, 60, 2.

LYSIAS

CONTRE ÉRATOSTHÈNE

ΚΑΤΑ ΕΡΑΤΟΣΘΕΝΟΥΣ ΤΟΥ ΓΕΝΟΜΕΝΟΥ ΤΩΝ ΤΡΙΑΚΟΝΤΑ, ΟΝ ΑΥΤΟΣ ΕΙΠΕ ΛΥΣΙΑΣ.

1 Οὐκ ἄρξασθαί μοι δοκεῖ ἄπορον εἶναι, ὦ ἄνδρες δικασταί, τῆς κατηγορίας, ἀλλὰ παύσασθαι λέγοντι· τοιαῦτα αὐτοῖς τὸ μέγεθος καὶ τοσαῦτα τὸ πλῆθος εἴργασται ὥστε μήτ᾿ ἂν ψευδόμενον δεινότερα τῶν ὑπαρχόντων κατηγορῆσαι, μήτε τἀληθῆ βουλόμενον εἰπεῖν ἅπαντα δύνασθαι, ἀλλ᾿ ἀνάγκη ἢ τὸν κατήγορον ἀπειπεῖν ἢ τὸν χρόνον ἐπιλιπεῖν. **2** Τοὐναντίον δέ μοι δοκοῦμεν πείσεσθαι ἢ ἐν τῷ πρὸ τοῦ χρόνῳ. Πρότερον μὲν γὰρ ἔδει τὴν ἔχθραν τοὺς κατηγοροῦντας ἐπιδεῖξαι ἥτις εἴη πρὸς τοὺς φεύγοντας· νυνὶ δὲ παρὰ τῶν φευγόντων χρὴ πυνθάνεσθαι ἥτις ἦν αὐτοῖς πρὸς τὴν πόλιν ἔχθρα, ἀνθ᾿ ὅτου τοιαῦτα ἐτόλμησαν εἰς αὐτὴν ἐξαμαρτάνειν. Οὐ μέντοι ὡς οὐκ

1. La stratégie de l'orateur se manifeste ici pour la première fois : elle consiste à inclure systématiquement Ératosthène dans le groupe des Trente (« de ces hommes », *autoîs*), pour contrer sa défense, qui consistait à s'en extraire et à présenter son cas individuel comme une exception, dans la lignée de Théramène.

2. Prétérition : en affirmant qu'il n'a pas à faire la preuve de la culpabilité d'Ératosthène – ce qu'il fera bien sûr par la suite –, Lysias joue avec le principe juridique fondamental selon lequel la charge de la preuve

CONTRE ÉRATOSTHÈNE, UN DES TRENTE. DISCOURS PRONONCÉ PAR LYSIAS LUI-MÊME

1 Aborder l'accusation n'est pas ce qui me paraît embarrassant, juges ; c'est plutôt de m'arrêter dans mon discours. Les crimes de ces hommes [1] sont si graves et si nombreux que, voulût-on mentir, on ne saurait proférer contre eux d'accusations plus graves que les faits, et qu'à s'en tenir à la réalité on ne peut tout dire : fatalement, ou bien la force manquera à l'accusateur, ou bien le temps lui fera défaut. **2** Au reste, il me semble que les rôles vont être renversés : jusqu'à présent, l'accusateur devait faire connaître quel motif de haine il avait contre l'accusé ; aujourd'hui, c'est à l'accusé qu'il faut demander compte d'une haine qui l'a poussé à de pareils crimes envers la cité [2]. Si je fais d'ailleurs ces réflexions, ce n'est pas que

appartient à l'accusateur. En effet, l'oxymore annoncé au début de la phrase impliquerait que *nûn* soit suivi de l'énoncé inverse *(tounantíon)* de celui qui le précède : « Ce n'est pas à l'accusation qu'il incombe d'expliquer pourquoi elle s'attaque à Ératosthène, *c'est à lui qu'il incombe de prouver que l'accusation a tort de lui en vouloir* ». Au lieu de cela, Lysias voudrait que son adversaire « *explique pourquoi il en a voulu à la cité* ». L'inversion de la charge de la preuve, bien qu'apparente, laisse pourtant l'accusé dans une friche juridique. Sommé d'expliquer *les causes* de son crime, il est présumé coupable. Plus que récuser la charge de la preuve, Lysias dissimule, sous la prétérition, une pétition de principe typique de l'exorde.

ἔχων οἰκείας ἔχθρας καὶ συμφορὰς τοὺς λόγους ποιοῦμαι, ἀλλ' ὡς ἅπασι πολλῆς ἀφθονίας οὔσης ὑπὲρ τῶν ἰδίων ἢ ὑπὲρ τῶν δημοσίων ὀργίζεσθαι. **3** Ἐγὼ μὲν οὖν, ὦ ἄνδρες δικασταί, οὔτ' ἐμαυτοῦ πώποτε οὔτε ἀλλότρια πράγματα πράξας νῦν ἠνάγκασμαι ὑπὸ τῶν γεγενημένων τούτου κατηγορεῖν, ὥστε πολλάκις εἰς πολλὴν ἀθυμίαν κατέστην, μὴ διὰ τὴν ἀπειρίαν ἀναξίως καὶ ἀδυνάτως ὑπὲρ τοῦ ἀδελφοῦ καὶ ἐμαυτοῦ τὴν κατηγορίαν ποιήσομαι· ὅμως δὲ πειράσομαι ὑμᾶς ἐξ ἀρχῆς ὡς ἂν δύνωμαι δι' ἐλαχίστων διδάξαι.

4 Οὑμὸς πατὴρ Κέφαλος ἐπείσθη μὲν ὑπὸ Περικλέους εἰς ταύτην τὴν γῆν ἀφικέσθαι, ἔτη δὲ τριάκοντα ᾤκησε, καὶ οὐδενὶ πώποτε οὔτε ἡμεῖς οὔτε ἐκεῖνος δίκην οὔτε ἐδικασάμεθα οὔτε ἐφύγομεν, ἀλλ' οὕτως ᾠκοῦμεν δημοκρα-

3. « L'animosité personnelle *(échthra)* était la preuve que l'accusateur était sincèrement en colère – qu'il n'était pas un agitateur *(poluprágmōn)* ou un calomniateur professionnel *(sukophántēs)* » [R. JEBB, *The Attic Orators from Antiphon to Isaeos*, Londres, 1886, *ad loc.*] ; cf. *Contre Agoratos*, 1.

4. Précieuse indication autobiographique, permettant de dater le début de la carrière de Lysias.

5. Le chleuasme, qui consiste à faire semblant d'avouer son incompétence, est un *topos* de la rhétorique de l'époque. Contrairement à la tendance qu'aurait un avocat moderne à mettre en avant son expertise – réelle ou fictive –, l'orateur athénien, qui parle devant un jury populaire, a le souci de réfuter par avance le soupçon d'être un professionnel de la tribune instruit et expérimenté. S'il voulait emporter l'adhésion des juges à la thèse qu'il défendait, il devait essayer de minimiser son savoir-faire et se placer au même niveau intellectuel et social qu'eux. Plus on était professionnel, plus on devait paraître amateur aux yeux de l'auditoire. Sur les conséquences politiques de ce phénomène chez Lysias, voir

je n'aie personnellement sujet de haïr mon adversaire pour le mal qu'il m'a fait [3] ; c'est parce que je songe au contraire aux mille raisons que nous avons tous, en notre nom personnel comme au nom de l'État, d'être indignés contre lui. **3** En ce qui me concerne, juges, je ne me suis jamais occupé d'aucun procès [4], ni pour mon compte ni pour celui des autres, et il a fallu que les circonstances m'obligent aujourd'hui à accuser cet homme. Aussi ai-je été pris bien des fois d'un profond découragement, craignant, faute d'expérience, de ne pouvoir soutenir l'accusation avec l'habileté convenable [5], au nom de mon frère et au mien. Je vais essayer pourtant de vous exposer toute l'affaire [6] depuis ses débuts, aussi brièvement que je pourrai.

4 Mon père Képhalos, sur les instances de Périclès [7], vint s'établir dans ce pays. Il y habita trente ans, et jamais il ne lui arriva, pas plus qu'à nous, de citer personne en justice, ni d'y être accusé : tant que dura le régime

D. Lateiner, « "The man who does not meddle in politics". A *topos* in Lysias », *CW*, 76, 1982, pp. 1-12. *A contrario*, l'adversaire est souvent présenté comme un habile orateur, prêt à rouler les juges dans la farine (voir *infra*, § 86).

6. « Exposer toute l'affaire » : en grec, *didáxai*, « expliquer », mais aussi « enseigner », en légère contradiction avec l'aveu d'incapacité et d'inexpérience qui précède.

7. En affirmant que Périclès était intervenu personnellement pour convaincre son père de venir s'installer à Athènes, l'orateur se met, lui-même et sa famille, dans le sillage du grand homme, mort plus d'un quart de siècle avant la date du discours. Périclès est déjà, à la fin de la guerre du Péloponnèse, la figure emblématique d'une époque où le rayonnement d'Athènes était dû à la fois à sa prospérité et à son ouverture ; voir, par exemple, la présentation qu'en fait le Périclès thucydidéen dans l'*Épitaphios* (Thucydide, II, 39). L'invitation et l'accueil chaleureux de Céphalos par Périclès rendent encore plus odieuse la « chasse au métèque » déclenchée par Théognis et Pison (*infra*, § 6).

τούμενοι ὥστε μήτε εἰς τοὺς ἄλλους ἐξαμαρτάνειν μήτε ὑπὸ τῶν ἄλλων ἀδικεῖσθαι. **5** Ἐπειδὴ δ' οἱ τριάκοντα πονηροὶ [μὲν] καὶ συκοφάνται ὄντες εἰς τὴν ἀρχὴν κατέστησαν, φάσκοντες χρῆναι τῶν ἀδίκων καθαρὰν ποιῆσαι τὴν πόλιν καὶ τοὺς λοιποὺς πολίτας ἐπ' ἀρετὴν καὶ δικαιοσύνην τραπέσθαι, [καὶ] τοιαῦτα λέγοντες οὐ τοιαῦτα ποιεῖν ἐτόλμων, ὡς ἐγὼ περὶ τῶν ἐμαυτοῦ πρῶτον εἰπὼν καὶ περὶ τῶν ὑμετέρων ἀναμνῆσαι πειράσομαι.
6 Θέογνις γὰρ καὶ Πείσων ἔλεγον ἐν τοῖς τριάκοντα περὶ τῶν μετοίκων, ὡς εἶέν τινες τῇ πολιτείᾳ ἀχθόμενοι· καλλίστην οὖν εἶναι πρόφασιν τιμωρεῖσθαι μὲν δοκεῖν, τῷ δ' ἔργῳ χρηματίζεσθαι· πάντως δὲ τὴν μὲν πόλιν πένεσθαι,

8. Dans la phrase *hoútōs ōikoûmen dēmokratoúmenoi* (« nous vivions ainsi tranquillement sous la démocratie »), l'utilisation inhabituelle du participe laisse entendre que la famille de Lysias était particulièrement attachée au régime démocratique. Le verbe *oikéō*, employé ici deux fois dans la même phrase, signifie « être installé », « vivre chez soi » et, par extension, « vivre tranquille ».

9. Contrairement à l'usage qui en est fait ici, ceux que nos sources qualifient de « sycophantes » étaient le plus souvent des personnalités politiques *favorables* à la démocratie. Voir Introduction, n. 21.

10. Dans le « programme » des Trente, ceux que Lysias qualifie ici de « mauvais citoyens » (*ádikoi*, terme vague : « sans respect pour la justice ») étaient probablement qualifiés de « sycophantes » : voir Xénophon, *Hell.*, II, 3, 12 : « Dans un premier temps, ceux dont tout le monde savait que, sous le régime démocratique, ils gagnaient leur vie comme sycophantes et qu'ils agaçaient les gens de bien *(toîs kaloîs kagathoîs)*, les Trente les firent arrêter et déférer [au Conseil] pour crime capital. Le Conseil se faisait un plaisir de les condamner, tandis que les autres citoyens, qui n'avaient rien de tel à se reprocher, ne s'en émouvaient point. » Cf. Aristote, *Const. d'Athènes*, 35, 3 : « Telle fut leur conduite, au début du moins ; et ils exécutaient les sycophantes qui parlaient au peuple contre son véritable intérêt pour lui être agréables et qui se montraient malfaisants et scélérats. Ces actes faisaient plaisir aux citoyens, qui croyaient que les Trente agissaient pour le bien de la cité. » Notez que Lysias ne reconnaît aucun aspect positif dans l'action des Trente ni aucune adhésion de la population à leurs idées. Aussi refuse-t-il de faire état de ce qui était probablement leur slogan principal (« débarrasser la cité des

démocratique [8], nous vécûmes sans faire de tort aux autres et sans avoir à nous plaindre d'eux. **5** Puis les Trente, ces misérables sycophantes [9], s'installèrent au pouvoir, et firent de belles déclarations sur la nécessité de purger la ville des mauvais citoyens, et de porter les autres à la vertu et à la justice [10]. Tels étaient leurs discours, mais tels ne furent pas les actes auxquels ils se déterminèrent. Je vais tâcher de vous le rappeler, en vous parlant d'abord de mes malheurs, puis des vôtres [11].

6 Théognis et Pison déclarèrent dans le Conseil des Trente que, parmi les métèques, il y en avait d'hostiles à la constitution : « excellent prétexte pour se procurer de l'argent, sous couleur de faire un exemple ; la ville était sans ressources, et le pouvoir avait besoin de fonds [12] ».

sycophantes »), et leur retourne l'insulte, en les traitant eux-mêmes de sycophantes, au sens large de « tartuffes de civisme ».

11. Annonce du plan du discours : Lysias exposera d'abord ses griefs *privés* contre Ératosthène (§§ 1-36), avant de se livrer à un réquisitoire contre l'action *politique* de son adversaire et de ses complices (§§ 37-100).

12. L'idée des Trente d'assassiner des métèques pour s'emparer de leur fortune est confirmée par le récit de Xénophon, qui en attribue la paternité à Critias lui-même (et non aux obscurs Théognis et Pison) et soutient que Théramène s'y était opposé. Voir XÉNOPHON, *Hell.*, II, 3, 21-24. Dans le discours de Théramène recréé par Xénophon, l'épouvantail du sycophante revient, une fois de plus : XÉNOPHON, *Hell.*, II, 3, 22 : « À l'heure où nous prétendons être les plus vertueux des hommes, je ne pense pas, dit-il, qu'il faille commettre des crimes pires que les sycophantes ! En effet, eux laissaient vivre ceux qu'ils spoliaient. Allons-nous donc assassiner des gens qui n'ont pas fait de mal juste pour les spolier ? » Le désaccord entre les deux sources quant à l'initiateur de ce plan criminel s'explique sans doute par la volonté de Xénophon de mettre en avant l'opposition entre l'« extrémiste » Critias et le « modéré » Théramène. *A contrario*, même s'il y avait eu opposition entre les deux personnages sur cette question, Lysias n'avait pas intérêt à en faire état ; en effet, sa stratégie consistait à réfuter l'idée que Théramène avait essayé de calmer les ardeurs de Critias. Par ailleurs, il convient de noter (avec JEBB, *ad loc.*) l'euphémisme *politeía*, pour un régime inconstitutionnel qui serait désigné par la suite comme l' *anarchía*.

τὴν 〈δ'〉 ἀρχὴν δεῖσθαι χρημάτων. 7 Καὶ τοὺς ἀκούοντας οὐ χαλεπῶς ἔπειθον· ἀποκτιννύναι μὲν γὰρ ἀνθρώπους περὶ οὐδενὸς ἡγοῦντο, λαμβάνειν δὲ χρήματα περὶ πολλοῦ ἐποιοῦντο. Ἔδοξεν οὖν αὐτοῖς δέκα συλλαβεῖν, τούτων δὲ δύο πένητας, ἵνα αὐτοῖς ᾖ πρὸς τοὺς ἄλλους ἀπολογία, ὡς οὐ χρημάτων ἕνεκα ταῦτα πέπρακται, ἀλλὰ συμφέροντα τῇ πολιτείᾳ γεγένηται, ὥσπερ τι τῶν ἄλλων [εὐλόγως πεποιηκότες]. 8 Διαλαβόντες δὲ τὰς οἰκίας ἐβάδιζον· καὶ ἐμὲ μὲν ξένους ἑστιῶντα κατέλαβον, οὓς ἐξελάσαντες Πείσωνί με παραδιδόασιν· οἱ δὲ ἄλλοι εἰς τὸ ἐργαστήριον ἐλθόντες τὰ ἀνδράποδα ἀπεγράφοντο. Ἐγὼ δὲ Πείσωνα μὲν ἠρώτων εἰ βούλοιτό με σῶσαι χρήματα λαβών· 9 | ὁ δ' ἔφασκεν, εἰ πολλὰ εἴη. Εἶπον οὖν ὅτι τάλαντον ἀργυρίου ἕτοιμος εἴην δοῦναι· ὁ δ' ὡμολόγησε ταῦτα ποιήσειν. Ἠπιστάμην μὲν οὖν ὅτι οὔτε θεοὺς οὔτ' ἀνθρώπους νομίζει, ὅμως δ' ἐκ τῶν παρόντων ἐδόκει μοι ἀναγκαιότατον εἶναι πίστιν παρ' αὐτοῦ λαβεῖν. 10 Ἐπειδὴ δὲ ὤμοσεν, ἐξώλειαν ἑαυτῷ καὶ τοῖς παισὶν ἐπαρώμενος, λαβὼν τὸ τάλαντόν με σώσειν, εἰσελθὼν εἰς τὸ δωμάτιον τὴν κιβωτὸν ἀνοίγνυμι· Πείσων δ αἰσθόμενος εἰσέρχεται, καὶ ἰδὼν τὰ ἐνόντα καλεῖ τῶν ὑπηρετῶν δύο, καὶ τὰ ἐν τῇ κιβωτῷ λαβεῖν ἐκέλευσεν. 11 Ἐπεὶ δὲ οὐχ ὅσον ὡμο-

13. *Pròs toùs állous* : « auprès du public » ou « auprès des huit autres métèques spoliés » [Jebb, *ad loc.*]. Les mots grecs qui se trouvent entre crochets [ ] sont considérés comme des interpolations par les éditeurs du texte, et ne sont pas traduits. En revanche, les mots grecs qui se trouvent entre chevrons < > ont été ajoutés par conjecture, parce que le texte des manuscrits était incompréhensible en l'état.

14. Pour un Athénien de cette époque, un *xénos*, c'est l'étranger à qui il a accordé ou dont il a accepté l'hospitalité. Le lien d'amitié et de réciprocité entre celui qui invitait et celui qui était reçu était pérenne,

7 Ils n'eurent pas de peine à persuader des auditeurs qui comptaient pour rien la vie des gens, et pour beaucoup l'argent qu'ils en tireraient. On décida d'arrêter dix métèques, et, dans le groupe, deux pauvres, afin de pouvoir protester auprès du public que la mesure avait été dictée non par la cupidité, mais par l'intérêt de l'État, comme tout le reste [13]. **8** Ils se partagent donc les maisons, et les voilà en route. Pour moi, ils me trouvent à table avec des hôtes [14] ; ils les chassent et me livrent à Pison. Le reste de la bande entre dans l'atelier et dresse la liste des esclaves. Je dis à Pison : « Veux-tu me sauver pour de l'argent ? » **9** « Oui », répond-il, « si la somme est forte ». Je me déclarai prêt à lui donner un talent. « Entendu ! » fit-il. Je le connaissais pour n'avoir ni foi ni loi ; pourtant, dans ma situation, il me parut indispensable d'exiger de lui un serment. **10** Il jura sur la tête de ses enfants et sur la sienne de me sauver la vie pour un talent. J'entre alors dans ma chambre, et j'ouvre mon coffre. Pison s'en aperçoit, entre à son tour, et, voyant le contenu, il appelle deux de ses aides et leur ordonne de s'en saisir [15]. **11** Ce n'était plus seulement la

sacré et placé sous l'égide de Zeus Hospitalier ou Xénios. Mais les sbires des Trente ne veulent pas de témoins. Aussi les amis étrangers de Lysias sont-ils mis à la porte.

15. *ōmosen ... anoígnumi ... eisérchetai ... kaleî ... ekéleusen.* Notez les deux aoristes, placés au début et à la fin d'une série de présents de narration, pour souligner, respectivement, le serment et le parjure.

λόγησα εἶχεν, ὦ ἄνδρες δικασταί, ἀλλὰ τρία τάλαντα ἀργυρίου καὶ τετρακοσίους κυζικηνοὺς καὶ ἑκατὸν δαρεικοὺς καὶ φιάλας ἀργυρᾶς τέτταρας, ἐδεόμην αὐτοῦ ἐφόδιά μοι δοῦναι, **12** ὁ δ' ἀγαπήσειν με ἔφασκεν, εἰ τὸ σῶμα σώσω. Ἐξιοῦσι δ' ἐμοὶ καὶ Πείσωνι ἐπιτυγχάνει Μηλόβιός τε καὶ Μνησιθείδης ἐκ τοῦ ἐργαστηρίου ἀπιόντες, καὶ καταλαμβάνουσι πρὸς αὐταῖς ταῖς θύραις, καὶ ἐρωτῶσιν ὅποι βαδίζοιμεν· ὁ δ' ἔφασκεν εἰς [τὰ] τοῦ ἀδελφοῦ τοῦ ἐμοῦ, ἵνα καὶ τὰ ἐν ἐκείνῃ τῇ οἰκίᾳ σκέψηται. Ἐκεῖνον μὲν οὖν ἐκέλευον βαδίζειν, ἐμὲ δὲ μεθ' αὑτῶν ἀκολουθεῖν εἰς Δαμνίππου. **13** Πείσων δὲ προσελθὼν σιγᾶν μοι παρεκελεύετο καὶ θαρρεῖν, ὡς ἥξων ἐκεῖσε. Καταλαμβάνομεν δὲ αὐτόθι Θέογνιν ἑτέρους φυλάττοντα· ᾧ παραδόντες ἐμὲ πάλιν ᾤχοντο. Ἐν τοιούτῳ δ' ὄντι μοι κινδυνεύειν ἐδόκει, ὡς τοῦ γε ἀποθανεῖν ὑπάρχοντος ἤδη. **14** Καλέσας δὲ Δάμνιππον λέγω πρὸς αὐτὸν τάδε· « ἐπιτήδειος μέν μοι τυγχάνεις ὤν, ἥκω δ' εἰς τὴν σὴν

16. À Athènes, à l'époque classique, un ouvrier non qualifié était payé une drachme par jour (la monnaie athénienne, en argent, pesait 4,3 g). Un talent, c'est 6000 drachmes. Les deux monnaies étrangères en question ici sont des statères d'or. Celui de Cyzique (cité grecque de la Propontide) est estimé à 28 drachmes au maximum ; il était fait d'environ 16 g d'électrum, un alliage naturel d'or et d'argent particulièrement prisé en Asie Mineure. Le darique, créé en 510 av. J.-C. par Darius Ier, est une monnaie de 8,4 g d'or pur, dont la diffusion dans le monde ancien illustre le rayonnement économique et politique de l'Empire achéménide. Le darique valait 25 drachmes. Il y avait donc dans le coffre de Lysias l'équivalent de 11 200 drachmes en cyzicènes et de 2 500 drachmes en dariques, soit environ 2,30 talents (13 700 drachmes) en pièces d'or, en plus des 3 talents « grecs ». À en croire Lysias, Pison aurait donc emporté, au total, plus de cinq talents en numéraire et deux coupes d'argent, soit plus de cinq fois la somme convenue ! Or, cet inventaire minutieux a pour seule fonction de souligner la cruauté dont fait preuve le personnage en refusant de laisser à sa victime un peu d'argent de poche. Le jeu de mots parétymologique *tò sôma sōsō* et la violence lapidaire de la réponse de Pison en sont des illustrations stylistiques.

somme convenue, juges, mais trois talents d'argent, quatre cents cyzicènes, cent dariques et quatre coupes d'argent : je lui demandai de me laisser au moins de quoi voyager. « Tu devras t'estimer heureux, me répondit-il, si tu as la vie sauve [16] ». **12** Au moment où nous sortions, Pison et moi, nous tombons sur Mèlobios et Mnèsithéidès, qui revenaient de l'atelier [17] ; ils nous rencontrent sur le seuil même de la porte et nous demandent où nous allons. Pison répondit qu'il se rendait chez mon frère, afin de faire aussi une perquisition dans sa maison. Ils le laissèrent aller et m'enjoignirent de les suivre chez Damnippe. **13** Pison s'approche alors de moi : « Pas un mot, me dit-il, et ne crains rien. J'irai vous rejoindre. » Chez Damnippe, nous trouvons Théognis qui gardait d'autres prisonniers. Ils me remettent entre ses mains et repartent. Dans la situation où j'étais, je pris le parti de courir quelque risque, puisque aussi bien je me voyais déjà perdu [18]. **14** J'appelle Damnippe. « Écoute, lui dis-je, tu es mon ami et me voici dans ta

17. Ce sont eux « le reste de la bande » du § 8. L'orateur essaie systématiquement d'éviter la monotonie de la narration. Noter, ici, la subtile *variatio* alternant optatif oblique après un présent – inattendu, même si c'est un présent historique *(erōtôsin ópoi badízoimen)*, puis subjonctif dans la proposition de but, après un imparfait – tout aussi étonnant, même si la subordonnée dépend en réalité d'une infinitive sous-entendue *(éphasken <badízein> hína sképsētai)*.

18. L'action criminelle des Trente a acculé Lysias dans un *hystéron-protéron* : normalement, un homme audacieux qui prend des risques *(kinduneúein)* assume celui de mourir en cas d'échec *(tò apothnēiskein)*. Pour Lysias, « mourir, c'était déjà un fait » *(toû apothnēiskein hupárchontos hēdē)*. On pourrait paraphraser cela par un oxymore : « Dans ces circonstances, j'ai décidé de risquer ma vie, puisque j'étais déjà un homme mort. » Le raisonnement est appliqué ici à la tentative de Lysias d'acheter Théognis et, un peu plus loin, à son évasion par une porte dérobée (§ 15).

οἰκίαν, ἀδικῶ δ' οὐδέν, χρημάτων δ' ἕνεκα ἀπόλλυμαι. Σὺ οὖν ταῦτα πάσχοντί μοι πρόθυμον παράσχου τὴν σεαυτοῦ δύναμιν εἰς τὴν ἐμὴν σωτηρίαν ». Ὁ δ' ὑπέσχετο ταῦτα ποιήσειν. Ἐδόκει δ' αὐτῷ βέλτιον εἶναι πρὸς Θέογνιν μνησθῆναι· ἡγεῖτο γὰρ ἅπαν ποιήσειν αὐτόν, εἴ τις ἀργύριον διδοίη. 15 Ἐκείνου δὲ διαλεγομένου Θεόγνιδι (ἔμπειρος γὰρ ὢν ἐτύγχανον τῆς οἰκίας, καὶ ᾔδη ὅτι ἀμφίθυρος εἴη), ἐδόκει μοι ταύτῃ πειρᾶσθαι σωθῆναι, ἐνθυμουμένῳ ὅτι, ἐὰν μὲν λάθω, σωθήσομαι, ἐὰν δὲ ληφθῶ, ἡγούμην μέν, εἰ Θέογνις εἴη πεπεισμένος ὑπὸ τοῦ Δαμνίππου χρήματα λαβεῖν, οὐδὲν ἧττον ἀφεθήσεσθαι, εἰ δὲ μή, ὁμοίως ἀποθανεῖσθαι. 16 Ταῦτα διανοηθεὶς ἔφευγον, ἐκείνων ἐπὶ τῇ αὐλείῳ θύρᾳ τὴν φυλακὴν ποιουμένων· τριῶν δὲ θυρῶν οὐσῶν, ἃς ἔδει με διελθεῖν, ἅπασαι ἀνεῳγμέναι ἔτυχον. Ἀφικόμενος δὲ εἰς Ἀρχένεω τοῦ ναυκλήρου ἐκεῖνον πέμπω εἰς ἄστυ, πευσόμενον περὶ τοῦ ἀδελφοῦ· ἥκων δὲ ἔλεγεν ὅτι Ἐρατοσθένης αὐτὸν ἐν τῇ ὁδῷ λαβὼν εἰς τὸ δεσμωτήριον ἀπαγάγοι. 17 Καὶ ἐγὼ τοιαῦτα πεπυσμένος τῆς ἐπιούσης νυκτὸς διέπλευσα Μέγαράδε. Πολεμάρχῳ δὲ παρήγγειλαν οἱ τριάκοντα τοὐπ

19. Après avoir livré son témoignage personnel sur l'avidité de Pison (§§ 8-12), Lysias invoque maintenant celui de Damnippe, un complice des Trente, pour parler de l'avidité de Théognis. Ainsi, l'affirmation des §§ 6-7 est démontrée sans qu'il soit nécessaire de l'asséner ou d'y revenir : s'en prendre aux métèques, ce n'était pas de la politique mais du pillage.

20. Cette petite phrase constitue le cœur de l'accusation. Ératosthène aurait procédé de sa propre initiative à l'arrestation arbitraire de Polémarque, le frère de Lysias. En effet, le lieu (en pleine rue, *en têi hodôi*) est plus important encore que l'arrestation elle-même, car le « mandat » des putschistes portait uniquement sur des perquisitions (§ 8 : *dialabóntes tàs*

maison : je suis innocent ; c'est ma fortune qui me perd. Tu vois mon malheur ; sois généreux et use de ton crédit pour me sauver. » Il me le promit. Le mieux lui parut d'en parler à Théognis qui, pensait-il ferait tout pour de l'argent [19]. **15** Pendant qu'il était en conversation avec Théognis (justement je connaissais la maison, et je savais qu'elle avait deux issues), je décidai d'en profiter pour essayer de me tirer d'affaire : si je trompe mes gardiens, me dis-je, je suis sauvé ; et si je suis pris, de deux choses l'une : ou bien Théognis se sera laissé acheter par Damnippe, et je n'en serai pas moins relâché, ou bien il refuse, et je périrai de toute façon. **16** Sur ces réflexions, je pris la fuite, tandis que les autres montaient la garde à la porte de la cour. Les trois portes que j'avais à franchir se trouvaient toutes ouvertes. J'arrive chez Archénéôs, l'armateur, et je l'envoie à la ville s'informer du sort de mon frère ; au retour, il m'apprend qu'Ératosthène, ayant rencontré Polémarque dans la rue, l'avait appréhendé et conduit en prison [20]. **17** À cette nouvelle, je m'embarquai dans la nuit pour Mégare [21]. Quant à Polémarque, les Trente lui envoyèrent leur ordre habituel, celui de boire la ciguë, sans

oikías : « ils se partagent les maisons »). En faisant du zèle, Ératosthène se serait rendu directement coupable d'un crime de sang et ne serait plus couvert par l'amnistie de 403. Mais le témoignage indirect d'Archénéôs, recueilli par Lysias lui-même hors de tout contexte judiciaire, est le seul élément à charge que l'orateur aura présenté contre Ératosthène. Qui plus est, même en rapportant cet unique témoignage, l'orateur reste évasif : on ne saura jamais si Archénéôs a dit avoir vu lui-même la scène ou seulement en avoir entendu parler.

21. Mégare est située à mi-chemin entre Athènes et Corinthe, à une quarantaine de kilomètres du centre d'Athènes. Dès le début de la guerre du Péloponnèse, Mégare avait combattu aux côtés de Sparte, contre Athènes.

ἐκείνων εἰθισμένον παράγγελμα, πίνειν κώνειον, πρὶν τὴν αἰτίαν εἰπεῖν δι᾿ ἥντινα ἔμελλεν ἀποθανεῖσθαι· οὕτω πολλοῦ ἐδέησε κριθῆναι καὶ ἀπολογήσασθαι. 18 Καὶ ἐπειδὴ ἀπεφέρετο ἐκ τοῦ δεσμωτηρίου τεθνεώς, τριῶν ἡμῖν οἰκιῶν οὐσῶν ⟨ἐξ⟩ οὐδεμιᾶς εἴασαν ἐξενεχθῆναι, ἀλλὰ κλεισίον μισθωσάμενοι προὔθεντο αὐτόν. Καὶ πολλῶν ὄντων ἱματίων αἰτοῦσιν οὐδὲν ἔδοσαν εἰς τὴν ταφήν, ἀλλὰ τῶν φίλων ὁ μὲν ἱμάτιον ὁ δὲ προσκεφάλαιον ὁ δὲ ὅ τι ἕκαστος ἔτυχεν ἔδωκεν εἰς τὴν ἐκείνου ταφήν. 19 Καὶ ἔχοντες μὲν ἑπτακοσίας ἀσπίδας τῶν ἡμετέρων, ἔχοντες δὲ ἀργύριον καὶ χρυσίον τοσοῦτον, χαλκὸν δὲ καὶ κόσμον καὶ ἔπιπλα καὶ ἱμάτια γυναικεῖα ὅσα οὐδεπώποτε ᾤοντο κτήσασθαι, καὶ ἀνδράποδα εἴκοσι καὶ ἑκατόν, ὧν τὰ μὲν βέλτιστα ἔλαβον, τὰ δὲ λοιπὰ εἰς τὸ δημόσιον ἀπέδοσαν, εἰς τοσαύτην ἀπληστίαν καὶ αἰσχροκέρδειαν ἀφίκοντο καὶ τοῦ τρόπου τοῦ αὑτῶν ἀπόδειξιν ἐποιήσαντο· τῆς γὰρ Πολεμάρχου γυναικὸς χρυσοῦς ἑλικτῆρας, οὓς ἔχουσα ἐτύγχανεν

22. Mot à mot : « *avant (prín)* de lui faire connaître le motif de sa condamnation » : les Trente tuent d'abord, parlent ensuite. Ajouté à la figure étymologique (*parēggeilan … parággelma* : « ordonnèrent l'ordre »), ce paralogisme confère à la phrase un ton nettement sarcastique.

23. Voir Notes complémentaires, pp. 73-74.

24. Cette distinction entre spoliation et confiscation n'a pas de valeur juridique (l'une n'étant pas plus légitime que l'autre), mais reprend, en l'explicitant, le constat inaugural de Pison (§ 6) : « la ville était sans ressources *(pénesthai)* et le pouvoir avait besoin de fonds *(deîsthai chrēmátōn)* ». « Gardèrent pour eux » : en grec, « prirent » *(élabon)* ; tant ici qu'aux §§ 7, 8, 10 et 15, le verbe « prendre » *(lambánō)* est un condensé de l'avidité et de la cruauté des Trente. Un fragment du discours

lui faire connaître le motif de sa condamnation, à plus forte raison sans le juger ni le laisser se défendre [22]. **18** Une fois mort, ils l'emportèrent hors de la prison ; mais au lieu de laisser le convoi partir d'une des trois maisons qui nous appartenaient, ils louèrent un hangar pour y exposer le corps. Nous avions beaucoup de manteaux, mais quand on en demanda, ils n'en donnèrent pas un seul pour les funérailles ; ce furent nos amis qui fournirent, l'un un manteau, l'autre un coussin, chacun enfin ce qu'il pouvait avoir, pour l'ensevelir [23]. **19** Ils avaient à nous sept cents boucliers, ils avaient de l'argent et de l'or en quantité, du cuivre, des bijoux, des meubles, des vêtements de femmes plus qu'ils n'avaient jamais espéré en prendre, sans parler de cent vingt esclaves, dont ils gardèrent les meilleurs pour eux, abandonnant le reste au trésor [24]. Voyez pourtant jusqu'où alla leur insatiable cupidité et comme ils montrèrent ce qu'ils étaient. La femme de Polémarque avait des pendants d'or qu'elle possédait lorsqu'elle entra dans la maison :

Contre Hippothersès (Lysias, fr. 1, 2 Gernet-Bizos, I, l. 30) affirme que la valeur totale des biens que Lysias essayait de récupérer après la chute des Trente s'élevait à 70 talents (selon la lecture de Gernet-Bizos) ou 30 talents (selon S. C. Todd, *A Commentary on Lysias, Speeches 1-11*, Oxford, 2007, Introduction générale, p. 13) Dans le *Contre Ératosthène*, l'inventaire fait état de 700 boucliers et 120 esclaves (§ 19), trois maisons avec du mobilier (§ 18) et un peu plus de 5 talents saisis chez Lysias (§ 11), mais cet inventaire concerne toute la famille. La présence des trois maisons dans le patrimoine familial est une confirmation du fait que les membres de la famille de Lysias étaient des *isoteleîs* avant le coup d'État de 403, puisque seuls les métèques de cette catégorie privilégiée avaient le droit de l'*égktēsis*, ou possession de biens immobiliers.

ὅτε [τὸ] πρῶτον ἦλθεν εἰς τὴν οἰκίαν, Μηλόβιος ἐκ τῶν ὤτων ἐξείλετο. 20 Καὶ οὐδὲ κατὰ | τὸ ἐλάχιστον μέρος τῆς οὐσίας ἐλέου παρ' αὐτῶν ἐτυγχάνομεν. Ἀλλ' οὕτως εἰς ἡμᾶς διὰ τὰ χρήματα ἐξημάρτανον ὥσπερ ἂν ἕτεροι μεγάλων ἀδικημάτων ὀργὴν ἔχοντες, οὐ τούτων ἀξίους γε ὄντας τῇ πόλει, ἀλλὰ πάσας ⟨μὲν⟩ τὰς χορηγίας χορηγήσαντας, πολλὰς δ' εἰσφορὰς εἰσενεγκόντας, κοσμίους δ' ἡμᾶς αὐτοὺς παρέχοντας καὶ πᾶν τὸ προσταττόμενον ποιοῦντας, ἐχθρὸν δ' οὐδένα κεκτημένους, πολλοὺς δ' Ἀθηναίων ἐκ τῶν πολεμίων λυσαμένους τοιούτων ἠξίωσαν οὐχ ὁμοίως μετοικοῦντας ὥσπερ αὐτοὶ ἐπολιτεύοντο. 21 Οὗτοι γὰρ πολλοὺς μὲν τῶν πολιτῶν εἰς τοὺς πολεμίους ἐξήλασαν, πολλοὺς δ' ἀδίκως ἀποκτείναντες ἀτάφους

25. Cette ultime illustration *(apódeixis)* de leur cupidité vient couronner la narration d'une note de mesquinerie. Lysias devait persuader les juges qui, de bonne foi, doutaient encore des motivations des Trente, que la rapine était leur unique ambition. Pour faire condamner Ératosthène, il fallait prouver que la mise à mort de Polémarque n'avait rien de politique ni même de personnel, mais que c'était un crime purement crapuleux (cf. *infra*, n. 32), non couvert par le serment d'amnistie. Devant un tribunal ordinaire, il y serait parvenu facilement ; devant ce jury spécial, composé uniquement de « citoyens ayant un revenu déclaré » (*tà timēmata parechoménois* : Aristote, *Const. d'Athènes*, 39, 6), cela était beaucoup moins évident : les moins pauvres parmi les Athéniens devaient être plutôt neutres, voire, pour certains, favorables à l'oligarchie. C'est sans doute parce qu'il s'adresse à ce jury spécial que Lysias n'hésite pas à faire étalage de l'immense richesse de sa famille. En effet, un atelier de 120 esclaves, c'est de loin la plus grosse usine dont on entend parler

Mélobios les lui arracha des oreilles [25]. **20** Ainsi, ils ne nous laissaient même pas, par pitié, la moindre parcelle de notre fortune. Dans leur cupidité, ils nous faisaient autant de mal qu'en fait faire à d'autres le ressentiment des pires injures. Ce n'est pas certes ce que méritait notre dévouement à la cité : nous avions exercé toutes les chorégies, versé bien des contributions [26] ; nous nous étions montrés d'honnêtes gens, toujours aux ordres de la cité ; nous ne nous étions pas fait d'ennemis ; nous avions payé la rançon d'un grand nombre d'Athéniens prisonniers ; et c'est nous qu'ils traitèrent de la sorte, nous qui avions compris notre rôle de métèques tout autrement qu'ils ne comprenaient, eux, leurs devoirs de citoyens [27]. **21** Combien de leurs compatriotes furent exilés par eux chez les ennemis, combien d'innocents exécutés

dans l'Athènes du IVe siècle. Ce détail, qui pourrait choquer un jury populaire, susciterait sans doute la solidarité de classe des « citoyens ayant un revenu déclaré ».

26. Voir Notes complémentaires, p. 74.

27. La rançon d'un captif « ordinaire » s'élevait à deux mines ou deux cents drachmes (P. Brun, *op. cit.*, p. 160). Noter l'enchaînement des deux antithèses : la première (intraduisible en français) oppose les ennemis personnels *(echthroús)*, que les membres de la famille de Lysias n'avaient pas, et les ennemis de la cité *(polemíōn)*, à qui ils avaient racheté plusieurs Athéniens. La deuxième relève le paradoxe qui consiste à avoir davantage d'esprit civique en étant métèque *(metoikoûntas)* qu'en étant citoyen *(epoliteúonto)*. Sur la rançon des prisonniers de guerre en Grèce, cf. W. K. Pritchett, *The Greek State at War*, Part V, Berkeley, Los Angeles, Oxford, 1991, pp. 245-297 ; plus particulièrement sur le rachat individuel des prisonniers, pp. 284-288.

ἐποίησαν, πολλοὺς δ' ἐπιτίμους ὄντας ἀτίμους [τῆς πόλεως] κατέστησαν, πολλῶν δὲ θυγατέρας μελλούσας ἐκδίδοσθαι ἐκώλυσαν. 22 Καὶ εἰς τοσοῦτόν εἰσι τόλμης ἀφιγμένοι ὥσθ' ἥκουσιν ἀπολογησόμενοι, καὶ λέγουσιν ὡς οὐδὲν κακὸν οὐδ' αἰσχρὸν εἰργασμένοι εἰσίν. Ἐγὼ δ' ἐβουλόμην ἂν αὐτοὺς ἀληθῆ λέγειν· μετῆν γὰρ ἂν καὶ ἐμοὶ τούτου τἀγαθοῦ οὐκ ἐλάχιστον μέρος. 23 Νῦν δὲ οὔτε πρὸς τὴν πόλιν αὐτοῖς τοιαῦτα ὑπάρχει οὔτε πρὸς ἐμέ· τὸν ἀδελφὸν γάρ μου, ὥσπερ καὶ πρότερον εἶπον, Ἐρατοσθένης ἀπέκτεινεν, οὔτε αὐτὸς ἰδίᾳ ἀδικούμενος οὔτε εἰς τὴν πόλιν ὁρῶν ἐξαμαρτάνοντα, ἀλλὰ τῇ ἑαυτοῦ παρανομίᾳ προθύμως ἐξυπηρετῶν. 24 Ἀναβιβασάμενος δ' αὐτὸν βούλομαι ἐρέσθαι, ὦ ἄνδρες δικασταί. Τοιαύτην γὰρ γνώμην ἔχω· ἐπὶ μὲν τῇ τούτου ὠφελείᾳ καὶ πρὸς ἕτερον

28. L'*atimia* était la peine la plus lourde après la peine capitale et s'apparentait à une mise à mort civique. Le terme est assez fort et se suffit à lui-même, si bien que le syntagme *tês póleōs* est certainement une glose de copiste. Noter l'intraduisible oxymore *epitímous … atímous* et le polyptote *polloús … polloús … polloús … pollōn.*

29. Sous-entendu : « en privant leurs pères des moyens de les doter *(proîka epidoûnai)* » [JEBB, *ad loc.*].

30. L'implication d'Ératosthène dans le meurtre de Polémarque est d'abord annoncée à la fin du § 16 dans sa dimension purement factuelle (l'arrestation de Polémarque en pleine rue ; cf. *supra*, n. 21), puis se dissout, pendant six paragraphes (§§ 17-22), dans le pluriel malfaisant des oligarques « décomplexés » *(parēggeilan … exēlasan … epoiēsan … katéstēsan … ekōlusan … aphigménoi … eirgasménoi eisín).* Ératosthène ayant été membre des Trente, Lysias lui impute enfin (§ 23) une culpabilité par association, en affirmant, à l'issue de l'accumulation de griefs collectifs, « avoir déjà dit tout à l'heure » *(hōsper kaì próteron*

et privés de sépulture, combien dépouillés de leurs droits de citoyens [28] ! Combien de filles qui allaient se marier et qu'ils en ont empêchées [29] ! **22** Et ils poussent l'impudence jusqu'à venir se justifier : à les entendre, ils n'ont fait aucun mal, commis aucune mauvaise action. Je voudrais bien qu'ils dissent vrai ; ce n'est pas moi qui y gagnerais le moins. **23** Malheureusement, pour la cité comme pour moi, la réalité est toute différente. Ératosthène, ainsi que je le disais tout à l'heure, a fait périr mon frère [30]. Avait-il à se plaindre de lui personnellement ? Le voyait-il coupable envers l'État ? Non, il s'abandonnait sans retenue à sa cruauté [31]. Je veux le faire monter à la tribune, juges, et l'interroger [32]. **24** Car voici mon sentiment : parler de cet homme, fût-ce avec un tiers, dans l'intention de lui être utile, serait à mon avis une impiété ; mais si c'est pour

eîpon) qu'Ératosthène avait assassiné son frère. En fait, c'est la première fois qu'il le dit, et c'est une pétition de principe déguisée.

31. Dépourvu de tout mobile légitime, tant privé *(oúte idíai)* que public *(oúte eis tēn pólin)*, le meurtre de Polémarque était un acte proprement criminel. En effet, mot à mot, Ératosthène aurait assassiné le frère de Lysias « pour satisfaire prestement son propre penchant criminel » *(exupēretōn prothúmōs têi héautoû paranomíai)*. Cf. Notes complémentaires, p. 74.

32. Interrogatoire de l'adversaire *(erōtēsis)*, qui était apparemment obligé de répondre aux questions ; cf. Lysias, XXII, 5 (où les réponses sont rapportées, comme ici) et XIII, 30 (où les réponses manquent). L'orateur pose ses questions de façon à obtenir des réponses connues d'avance et conformes à la ligne de défense de son adversaire, qu'il essaie par la suite de réfuter. En effet, dans le *Contre Ératosthène*, l'interrogatoire de l'accusé sert de base à l'argumentation [S. C. Todd, *Lysias* (traduction et notes), Austin, 2000 ; Bizos, *ad loc.*].

περὶ τούτου διαλέγεσθαι ἀσεβὲς εἶναι νομίζω, ἐπὶ δὲ τῇ τούτου βλάβῃ καὶ πρὸς αὐτὸν τοῦτον ὅσιον καὶ εὐσεβές. Ανάβηθι οὖν μοι καὶ ἀπόκριναι, ὅ τι ἄν σε ἐρωτῶ.

25 Ἀπήγαγες Πολέμαρχον ἢ οὔ ; — Τὰ ὑπὸ τῶν ἀρχόντων προσταχθέντα δεδιὼς ἐποίουν. — Ἦσθα δ' ἐν τῷ βουλευτηρίῳ, ὅτε οἱ λόγοι ἐγίγνοντο περὶ ἡμῶν ; — Ἦ. — Πότερον συνηγόρευες τοῖς κελεύουσιν ἀποκτεῖναι ἢ ἀντέλεγες ; — Ἀντέλεγον. — Ἵνα ⟨μὴ⟩ ἀποθάνωμεν ; — Ἵνα μὴ ἀποθάνητε. — Ἡγούμενος ἡμᾶς ἄδικα πάσχειν ἢ δίκαια ; — Ἄδικα.

26 Εἶτ', ὦ σχετλιώτατε πάντων, ἀντέλεγες μὲν ἵνα σώσειας, συνελάμβανες δὲ ἵνα ἀποκτείνῃς ; καὶ ὅτε μὲν τὸ πλῆθος ἦν ὑμῶν κύριον τῆς σωτηρίας τῆς ἡμετέρας, ἀντιλέγειν φῄς τοῖς βουλομένοις ἡμᾶς ἀπολέσαι, ἐπειδὴ δὲ ἐπὶ σοὶ μόνῳ ἐγένετο καὶ σῶσαι Πολέμαρχον καὶ μή, εἰς τὸ δεσμωτήριον ἀπήγαγες ; Εἶθ' ὅτι μέν, ὡς φῄς, ἀντειπὼν οὐδὲν ὠφέλησας, ἀξιοῖς χρηστὸς νομίζεσθαι, ὅτι δὲ συλλαβὼν ἀπέκτεινας, οὐκ [οἴει] ἐμοὶ καὶ τουτοισὶ δοῦναι δίκην ;

33. L'interdit religieux auquel il est fait allusion ici empêchait le meurtrier de parler à qui que ce soit et les proches de la victime d'adresser la parole au meurtrier [Jebb ; Bizos, *ad loc.*] ; cf. Euripide, *Oreste*, v. 75-76, où Hélène prend quelques précautions pour s'adresser à Oreste, meurtrier de sa sœur Clytemnestre.

34. Noter l'intentionnalité clairement exprimée par la conjonction finale suivie de subjonctif *(hína apokteínēis)*, par opposition à l'optatif oblique de la proposition précédente *(hína sōiseias)*.

lui nuire, on peut adresser la parole même à un homme comme lui, sans rien faire de contraire à la religion et à la piété [33]. Monte donc et réponds à mes questions.

25 As-tu, oui ou non, arrêté Polémarque ? – J'exécutais les ordres du gouvernement ; j'avais peur. – Étais-tu dans la salle du Conseil, lorsqu'on y parla de nous ? – J'y étais. – As-tu appuyé l'avis de ceux qui voulaient notre mort, ou l'as-tu combattu ? – Je l'ai combattu. – Pour nous sauver ? – Pour vous sauver. – Parce que tu estimais que ce qui nous arrivait était injuste ou juste ? – Injuste.

26 Ainsi donc, ô le plus misérable de tous les hommes, tu faisais de l'opposition pour nous sauver, mais tu nous arrêtais pour nous faire périr [34] ? Quand notre salut était entre les mains de la majorité d'entre vous, tu prétends avoir combattu ceux qui voulaient nous perdre, mais quand la perte ou le salut de Polémarque ne dépendaient que de toi seul [35], tu l'as arrêté et conduit en prison ? Et alors, pour avoir – c'est toi qui le prétends – élevé une inutile protestation, tu veux qu'on te regarde comme un bon citoyen, mais pour avoir arrêté et fait périr mon frère [36], tu t'imagines n'avoir pas de dette à nous payer, à moi comme à tous ici ?

35. Voir Notes complémentaires, pp. 74-75.

36. Noter le glissement entre l'amphibologie du début *(sunelámbanes hína apokteínēis)* et la fin du § 26 *(sullabōn apékteinas)*, où le verbe *apokteínō*, qui oscille généralement entre « condamner à mort » et « tuer », est fixé dans le sens le plus accablant pour Ératosthène : il faudrait traduire « en arrêtant mon frère, tu l'as tué ».

27 Καὶ μὴν οὐδὲ τοῦτο εἰκὸς αὐτῷ πιστεύειν, εἴπερ ἀληθῆ λέγει φάσκων ἀντειπεῖν, ὡς αὐτῷ προσετάχθη. Οὐ γὰρ δήπου ἐν τοῖς μετοίκοις πίστιν παρ' αὐτοῦ ἐλάμβανον. Ἔπειτα τῷ ἧττον εἰκὸς ἦν προσταχθῆναι ἢ ὅστις ἀντειπών γε ἐτύγχανε καὶ γνώμην ἀποδεδειγμένος; τίνα γὰρ εἰκὸς ἦν ἧττον ταῦτα ὑπηρετῆσαι ἢ τὸν ἀντειπόντα οἷς ἐκεῖνοι ἐβούλοντο πραχθῆναι; 28 Ἔτι δὲ τοῖς μὲν ἄλλοις Ἀθηναίοις ἱκανή μοι δοκεῖ πρόφασις εἶναι τῶν γεγενημένων εἰς τοὺς τριάκοντα ἀναφέρειν τὴν αἰτίαν· αὐτοὺς δὲ τοὺς τριάκοντα, ἐὰν εἰς σφᾶς αὐτοὺς ἀναφέρωσι, πῶς ὑμᾶς εἰκὸς ἀποδέχεσθαι; 29 Εἰ μὲν γάρ τις ἦν ἐν τῇ πόλει ἀρχὴ ἰσχυροτέρα [αὐτῆς], ὑφ' ἧς αὐτῷ προσετάττετο παρὰ τὸ δίκαιον ἀνθρώπους ἀπολλύναι, ἴσως ἂν εἰκότως αὐτῷ συγγνώμην εἴχετε· νῦν δὲ παρὰ τοῦ ποτε καὶ λήψεσθε δίκην, εἴπερ ἐξέσται τοῖς τριάκοντα λέγειν ὅτι τὰ ὑπὸ τῶν τριάκοντα προσταχθέντα ἐποίουν; 30 Καὶ μὲν δὴ οὐκ ἐν τῇ οἰκίᾳ ἀλλ' ἐν τῇ ὁδῷ, σῴζειν τε αὐτὸν καὶ τὰ τούτοις ἐψηφισμένα παρόν, συλλαβὼν ἀπήγαγεν. Ὑμεῖς δὲ πᾶσιν ὀργίζεσθε ὅσοι εἰς τὰς οἰκίας ἦλθον τὰς ὑμετέρας ζήτησιν ποιούμενοι ἢ ὑμῶν ἢ τῶν ὑμετέρων τινός. 31 Καίτοι εἰ χρὴ τοῖς διὰ τὴν ἑαυτῶν

37. Ici, la traduction me paraît trop lisse. Je lui préfère le mot à mot, malgré l'enchevêtrement de subordonnées qui frise la synchise : « D'ailleurs, il serait absurde *(oudè eikós)* de le croire *(pisteúein)* sur ce point *(toûto)* – à supposer qu'il eût dit vrai *(eíper alēthê légei)* quand il prétendait avoir regimbé *(pháskōn anteipeîn)* –, à savoir qu'il en avait reçu l'ordre *(hōs autôi prosetáchthē)* ». C'est, bien entendu, cette dernière proposition complétive qui est le véritable objet de la défiance de Lysias (« il serait absurde de croire qu'il en avait reçu l'ordre »). Noter

27 Au reste, cela même est invraisemblable. Comment croire, s'il dit vrai quand il prétend s'être opposé à notre arrestation, qu'on l'en ait chargé lui-même [37] ? À coup sûr, ce n'est pas dans cette affaire des métèques que les Trente allaient chercher à éprouver la fidélité d'Ératosthène [38]. De plus, le dernier qu'ils dussent charger de l'affaire, n'est-ce pas celui qui s'y était précisément opposé, en motivant son vote ? De qui devraient-ils attendre moins d'empressement à les servir, que de l'homme qui avait combattu leurs desseins ? **28** Et puis, quand les autres Athéniens rejettent sur les Trente la responsabilité des événements, l'excuse me paraît valable ; mais que les Trente se renvoient la faute à eux-mêmes, n'est-ce pas inadmissible [39] ? **29** S'il y avait eu dans la cité une autorité plus forte, qui leur eût enjoint de faire périr les gens au mépris de la justice, l'indulgence serait à la rigueur concevable. Mais qui donc enfin punirez-vous, si vous permettez aux Trente de dire qu'ils n'ont fait qu'obéir aux Trente ? **30** Aussi bien, ce n'est pas dans ma maison, mais en pleine rue, alors qu'il lui était loisible de respecter à la fois sa vie et la décision des Trente, qu'il arrêta mon frère pour le conduire en prison. Vous gardez rancune à tous ceux qui ont pénétré dans vos demeures, pour vous y rechercher, vous ou quelqu'un des vôtres ; **31** et pourtant, si l'indulgence est permise envers l'homme qui n'a tué que pour se sauver, ceux-là y auraient

tout de même que l'incise crée un oxymore (« il serait absurde de le croire, s'il dit vrai ») qui jette un doute sur la ligne défensive d'Ératosthène ; celle-ci est tout entière noyée dans une *reductio ad absurdum*, soulignée par trois occurrences successives du syntagme « négation + *eikós* » = « absurde ».

38. Éprouver sa fidélité *(pístin)*, en le compromettant dans une action criminelle. L'idée, c'est que, s'ils voulaient l'essayer, ils auraient choisi un crime plus compromettant qu'un « simple » pogrom anti-métèques.

39. Voir Notes complémentaires, pp. 75-77.

σωτηρίαν ἑτέρους | ἀπολέσασι συγγνώμην ἔχειν, ἐκείνοις ἂν δικαιότερον ἔχοιτε· κίνδυνος γὰρ ἦν πεμφθεῖσι μὴ ἐλθεῖν καὶ καταλαβοῦσιν ἐξάρνοις γενέσθαι. Τῷ δὲ Ἐρατοσθένει ἐξῆν εἰπεῖν ὅτι οὐκ ἀπήντησεν, ἔπειτα ὅτι οὐκ εἶδεν· ταῦτα γὰρ οὔτ' ἔλεγχον οὔτε βάσανον εἶχεν, ὥστε μηδ' ὑπὸ τῶν ἐχθρῶν βουλομένων οἷόν τ' εἶναι ἐξελεγχθῆναι. 32 Χρῆν δέ σε, ὦ Ἐρατόσθενες, εἴπερ ἦσθα χρηστός, πολὺ μᾶλλον τοῖς μέλλουσιν ἀδίκως ἀποθανεῖσθαι μηνυτὴν γενέσθαι ἢ τοὺς ἀδίκως ἀπολουμένους συλλαμβάνειν. Νῦν δέ σου τὰ ἔργα φανερὰ γεγένηται οὐχ ὡς ἀνιωμένου ἀλλ' ὡς ἡδομένου τοῖς γιγνομένοις, 33 ὥστε τούσδε ἐκ τῶν ἔργων χρὴ μᾶλλον ἢ ἐκ τῶν λόγων τὴν ψῆφον φέρειν, ἃ ἴσασι γεγενημένα τῶν τότε λεγομένων τεκμήρια λαμβάνοντας, ἐπειδὴ μάρτυρας περὶ αὐτῶν οὐχ οἷόν τε παρασχέσθαι. Οὐ γὰρ μόνον ἡμῖν παρεῖναι οὐκ ἐξῆν, ἀλλ' οὐδὲ παρ' αὑτοῖς εἶναι, ὥστ' ἐπὶ τούτοις ἐστὶ πάντα τὰ κακὰ εἰργασμένοις τὴν πόλιν πάντα τἀγαθὰ περὶ αὑτῶν λέγειν. 34 Τοῦτο μέντοι οὐ φεύγω, ἀλλ' ὁμολογῶ σοι, εἰ βούλει, ἀντειπεῖν. Θαυμάζω δὲ τί ἄν ποτ' ἐποίησας συνειπών, ὁπότε ἀντειπεῖν φάσκων ἀπέκτεινας Πολέμαρχον.

40. « Ensuite », c'est-à-dire si quelqu'un insistait sur le fait qu'Ératosthène avait croisé Polémarque [Jebb, *ad loc.*].

41. L'orateur s'adresse de nouveau à l'accusé à la deuxième personne, cette fois-ci non pas pour lui poser des questions, mais pour transformer son propre temps de parole en silence coupable de son adversaire.

42. « Les innocents … ceux qui allaient périr » : fausse antithèse ; en effet, il s'agit des mêmes personnes, en l'occurrence d'Ératosthène [Jebb, *ad loc.*].

43. Les réunions du Conseil et des tribunaux étaient publiques. Les Athéniens se donnaient même le droit de manifester bruyamment

quelque droit. Ils risquaient gros à ne pas aller là où on les envoyait, et, quand ils avaient trouvé les gens, à le nier. Mais Ératosthène, lui, pouvait dire qu'il n'avait pas rencontré mon frère, et ensuite [40] qu'il ne l'avait pas vu : ici, pas de preuve, pas de moyen de contrôle ; ses ennemis l'auraient-ils voulu, ils n'auraient pas pu le convaincre. **32** Ton devoir, Ératosthène [41], si vraiment tu avais été un honnête homme, était d'avertir les innocents de la mort qui les attendait, plutôt que d'arrêter ceux qui allaient ainsi périr injustement [42]. Mais non, tes actes font voir un homme qui, loin de s'affliger de ce qui se passait, en était heureux. **33** Aussi est-ce d'après tes actes et non d'après tes paroles que les juges doivent prononcer. Ta conduite, qui leur est connue, leur sera un indice de ce que tu as pu dire au Conseil, puisqu'il est impossible de fournir des témoins là-dessus. Car, loin de pouvoir assister à leurs séances, nous n'avions pas même le droit de rester chez nous [43], en sorte qu'il leur est facile, après avoir fait tout le mal possible à la cité, de dire d'eux-mêmes tout le bien possible. **34** Toutefois, je n'y contredis pas : j'admets, si tu veux, que tu aies parlé contre l'avis de tes collègues. Je me demande alors ce que tu aurais bien pu faire si tu avais été de leur avis, puisque malgré la protestation dont tu te targues, tu as fait périr Polémarque [44].

leur approbation ou leur désapprobation pendant les séances (*thórubos*, « tapage »). Les membres de ces organes collectifs souverains – les membres du Conseil et les jurés des tribunaux n'avaient de compte à rendre à personne – considéraient ces manifestations du public comme une reddition de comptes, comme une sorte d'« *eúthuna* informelle » (A. M. Lanni, « Spectator Sport or Serious Politics ? *Hoi periestēkótes* and the Athenian Lawcourts », *JHS* 117, 1997, pp. 183-189). Noter l'antanaclase *pareînai – par' autoîs eînai*, qui amplifie la gradation.

44. Le dernier mot des *písteis* reprend les termes du § 26 : « tu as tué Polémarque » *(apékteinas Polémarchon)*.

Φέρε δή, τί ἂν εἰ καὶ ἀδελφοὶ ὄντες ἐτύχετε αὐτοῦ ἢ καὶ υἱεῖς; ἀποψηφίσαισθε; δεῖ γάρ, ὦ ἄνδρες δικασταί, Ἐρατοσθένην δυοῖν θάτερον ἀποδεῖξαι, ἢ ὡς οὐκ ἀπήγαγεν αὐτόν, ἢ ὡς δικαίως τοῦτ' ἔπραξεν. Οὗτος δὲ ὡμολόγηκεν ἀδίκως συλλαβεῖν, ὥστε ῥᾳδίαν ὑμῖν τὴν διαψήφισιν περὶ αὐτοῦ πεποίηκε. **35** Καὶ μὲν δὴ πολλοὶ καὶ τῶν ἀστῶν καὶ τῶν ξένων ἥκουσιν εἰσόμενοι τίνα γνώμην περὶ τούτων ἕξετε. Ὧν οἱ μὲν ὑμέτεροι ὄντες πολῖται μαθόντες ἀπίασιν ὅτι ἢ δίκην δώσουσιν ὧν ἂν ἐξαμάρτωσιν, ἢ πράξαντες μὲν ὧν ἐφίενται τύραννοι τῆς πόλεως ἔσονται, δυστυχήσαντες δὲ τὸ ἴσον ὑμῖν ἕξουσιν· ὅσοι δὲ ξένοι ἐπιδημοῦσιν, εἴσονται πότερον ἀδίκως τοὺς τριάκοντα ἐκκηρύττουσιν ἐκ τῶν πόλεων ἢ δικαίως. Εἰ γὰρ δὴ αὐτοὶ οἱ κακῶς πεπονθότες λαβόντες ἀφήσουσιν, ἦ που σφᾶς αὐτοὺς ἡγήσονται περιέργως ὑπὲρ ὑμῶν τηρουμένους.

45. La partie argumentative qui prenait pour cible la défense de l'accusé touche ici à sa fin, avec un raccourci *(hōmológēken adíkōs sullabeîn)* qui reprend le premier et le dernier mot de l'interrogatoire de l'accusé (§ 25) : « as-tu arrêté ? » *(apēgages)* ... « injuste » *(ádika)*. Or, s'il a reconnu que le sort des métèques était injuste, Ératosthène n'a jamais avoué être lui-même responsable de cette injustice, bien au contraire : il a toujours prétendu s'y être opposé.

46. Voici le raisonnement de Lysias : « Si vous acquittez Ératosthène, ses éventuels émules retiendront que, même s'ils échouent lors d'une tentative de coup d'État, ils conserveront quand même leurs droits civiques et ne seront pas punis » ; cf. § 92 [Jebb, *ad loc.*].

47. Contre la majorité des savants, qui datent le *Contre Ératosthène* de la fin 403, cette phrase a été utilisée pour situer le procès à une date postérieure à la reprise d'Éleusis par les démocrates en 401/400. En effet,

Voyons, juges, lors même que vous seriez frères ou fils de cet homme, que feriez-vous ? Est-ce que vous l'acquitteriez ? Il faut en effet qu'Ératosthène prouve de deux choses l'une : ou qu'il n'a pas arrêté Polémarque ou qu'il l'a fait justement. Or, lui-même a reconnu qu'il l'avait arrêté injustement [45]. Par là, il a facilité votre vote à son sujet. **35** Au surplus, beaucoup de gens de la ville et d'étrangers sont ici, pour savoir quelle sentence vous allez rendre à l'égard de ces hommes. Les premiers – vos concitoyens – sauront en partant, ou bien qu'ils devront expier leurs crimes, s'ils en commettent, ou bien, au contraire, qu'ils seront les tyrans de la cité, s'ils réussissent dans leurs desseins, et vos égaux, s'ils échouent [46]. Quant aux étrangers qui se trouvent à Athènes, ils sauront s'ils ont raison ou tort de bannir les Trente de leurs villes [47]. Car si ceux-là mêmes qui ont été leurs victimes les lâchent quand ils les tiennent, ils se diront, soyez-en sûrs, qu'ils sont bien bons de monter la garde à votre service.

vingt-sept des trente protagonistes du coup d'État de 404 s'y trouvaient, jusqu'à cette date, à l'abri de toute poursuite, en application des *dialúseis* (traité de paix), et n'avaient aucune raison de chercher refuge ailleurs. C'est seulement après 401 qu'ils ont pu avoir été « bannis des autres cités » (voir T. C. Loening, « The Autobiographical Speeches of Lysias and the Biographical Tradition », *Hermes*, 109, 1981, pp. 280-294 ; P. Krentz, *The Thirty at Athens*, Ithaca et New York, 1982, p. 123 ; B. I. Anastassiadis, *Eleusína*, Athènes, 2006, p. 106). La difficulté de cette datation est que le discours semble faire allusion à une lutte pas encore terminée contre les oligarques (§ 79) et que la confiscation judiciaire des biens des Trente y est encore envisagée comme une éventualité ; or on sait qu'elle a déjà eu lieu en 402/401 (voir *infra*, § 83, n. 112). Cf. S. C. Todd, *A Commentary on Lysias*, *op. cit.*, pp. 13-17.

36 Οὐκ οὖν δεινὸν εἰ τοὺς μὲν στρατηγούς, οἳ ἐνίκων ναυμαχοῦντες, ὅτε διὰ χειμῶνα οὐχ οἷοί τ' ἔφασαν εἶναι τοὺς ἐκ τῆς θαλάττης ἀνελέσθαι, θανάτῳ ἐζημιώσατε, ἡγούμενοι χρῆναι τῇ τῶν τεθνεώτων ἀρετῇ παρ' ἐκείνων δίκην λαβεῖν, τούτους δέ, οἳ ἰδιῶται μὲν ὄντες καθ' ὅσον ἐδύναντο ἐποίησαν ἡττηθῆναι ναυμαχοῦντας, ἐπειδὴ δὲ εἰς τὴν ἀρχὴν κατέστησαν, ὁμολογοῦσιν ἑκόντες πολλοὺς τῶν πολιτῶν ἀκρίτους ἀποκτιννύναι, οὐκ ἄρα χρὴ αὐτοὺς καὶ τοὺς παῖδας ὑφ' ὑμῶν ταῖς ἐσχάταις ζημίαις κολάζεσθαι ;

37 Ἐγὼ τοίνυν, ὦ ἄνδρες δικασταί, ἠξίουν ἱκανὰ εἶναι τὰ κατηγορημένα· μέχρι γὰρ τούτου νομίζω χρῆναι κατηγορεῖν, ἕως ἂν θανάτου δόξῃ τῷ φεύγοντι ἄξια εἰργάσθαι. Ταύτην γὰρ ἐσχάτην δίκην δυνάμεθα παρ' αὐτῶν λαβεῖν. Ὥστ' οὐκ οἶδ' ὅ τι δεῖ πολλὰ κατηγορεῖν τοιούτων ἀνδρῶν οἳ οὐδ' ὑπὲρ ἑνὸς ἑκάστου τῶν πεπραγμένων δὶς ἀποθανόντες δίκην δοῦναι δύναιντ' ἂν ⟨ἀξίαν⟩. 38 Οὐ γὰρ δὴ οὐδὲ τοῦτο αὐτῷ προσήκει ποιῆσαι ὅπερ ἐν τῇδε τῇ πόλει εἰθισμένον ἐστί, πρὸς μὲν τὰ κατηγορημένα μηδὲν ἀπολογεῖσθαι, περὶ δὲ σφῶν αὐτῶν ἕτερα λέγοντες ἐνίοτε ἐξαπατῶσιν, ὑμῖν ἀποδεικνύντες ὡς στρατιῶται ἀγαθοί εἰσιν, ἢ ὡς πολλὰς τῶν πολεμίων ναῦς ἔλαβον τριηραρχήσαντες, ⟨ἢ⟩ πόλεις πολεμίας οὔσας φίλας ἐποίησαν·

48. Voir Notes complémentaires, pp. 77-79.

49. Ce qui confirme que la proposition d'une peine frappant la descendance des Trente était une hyperbole, du moins au regard du droit. Par ailleurs, nous avons ici l'annonce d'une deuxième prétérition, après celle de l'exorde (§ 2). En réalité, le discours « contre Ératosthène » s'arrête

36 Et voici qui serait révoltant : vos généraux, vainqueurs en combat naval, ont eu beau alléguer l'état de la mer qui empêchait de recueillir les corps, vous avez prononcé contre eux la peine capitale, persuadés que cette satisfaction était due à la valeur des morts ; et ces gens-là qui, simples particuliers, ont contribué de toutes leurs forces à vous faire battre sur mer, et qui, une fois au pouvoir, reconnaissent avoir fait périr sans jugement beaucoup de citoyens, ces gens-là, dis-je, ne mériteraient pas, eux et leurs enfants, les derniers supplices [48] ?

37 Je pourrais, juges, considérer ces charges comme suffisantes. À mon avis, l'accusateur doit s'arrêter lorsque l'accusé est convaincu d'avoir mérité la mort par ses actes, puisque c'est la peine la plus rigoureuse qu'on puisse lui infliger [49]. Je ne vois donc pas qu'il soit besoin d'en dire bien long contre des hommes qui n'expieraient pas assez par deux morts [50] une seule de leurs actions. **38** Ils n'ont même pas la ressource habituelle des plaideurs de chez nous, qui, sans rien répondre aux griefs de l'accusation, font dévier le débat sur leurs mérites personnels et ainsi arrivent parfois à vous abuser : ils font valoir qu'ils sont de bons soldats, qu'ils ont pris beaucoup de vaisseaux à l'ennemi quand ils étaient triérarques, ou que des cités, jusque-là hostiles, sont grâce à eux devenues vos amies.

au § 36. À partir du § 37 et jusqu'à la fin, Lysias déploie une argumentation totalement étrangère à un procès pour meurtre mais parfaitement pertinente pour une *eúthuna* (reddition de comptes) ou pour toute autre procédure portant sur le civisme ou la moralité du justiciable.

50. Adynaton qui enchaîne sur l'hyperbole du § 36. Il s'agit évidemment de dire « pis que pendre » de l'accusé.

39 ἐπεὶ κελεύετε αὐτὸν ἀποδεῖξαι ὅπου τοσούτους τῶν πολεμίων ἀπέκτειναν ὅσους τῶν πολιτῶν, ἢ ναῦς ὅπου τοσαύτας ἔλαβον ὅσας αὐτοὶ παρέδοσαν, ἢ πόλιν ἥντινα τοιαύτην προσεκτήσαντο οἵαν τὴν ὑμετέραν κατεδουλώσαντο. **40** Ἀλλὰ γὰρ ὅπλα τῶν πολεμίων ἐσκύλευσαν ⟨τοσαῦτα⟩ ὅσα περ ὑμῶν ἀφείλοντο, ἀλλὰ τείχη τοιαῦτα εἷλον οἷα τῆς ἑαυτῶν πατρίδος κατέσκαψαν ; | οἵτινες καὶ τὰ περὶ τὴν Ἀττικὴν φρούρια καθεῖλον, καὶ ὑμῖν ἐδήλωσαν ὅτι οὐδὲ τὸν Πειραιᾶ Λακεδαιμονίων προσταττόντων περιεῖλον, ἀλλ' ὅτι ἑαυτοῖς τὴν ἀρχὴν οὕτω βεβαιοτέραν ἐνόμιζον εἶναι.

41 Πολλάκις οὖν ἐθαύμασα τῆς τόλμης τῶν λεγόντων ὑπὲρ αὐτοῦ, πλὴν ὅταν ἐνθυμηθῶ ὅτι τῶν αὐτῶν ἐστιν αὐτούς τε πάντα τὰ κακὰ ἐργάζεσθαι καὶ τοὺς τοιούτους ἐπαινεῖν. **42** Οὐ γὰρ νῦν πρῶτον τῷ ὑμετέρῳ πλήθει τὰ ἐναντία ἔπραξεν, ἀλλὰ καὶ ἐπὶ τῶν τετρακοσίων ἐν τῷ στρατοπέδῳ ὀλιγαρχίαν καθιστὰς ἔφευγεν ἐξ Ἑλλησπόντου τριήραρχος καταλιπὼν τὴν ναῦν, μετὰ Ἰατροκλέους καὶ ἑτέρων, ὧν τὰ ὀνόματα οὐδὲν δέομαι λέγειν. Ἀφικόμενος δὲ δεῦρο τἀναντία τοῖς βουλομένοις δημοκρατίαν εἶναι ἔπραττε. Καὶ τούτων μάρτυρας ὑμῖν παρέξομαι.

51. Noter l'accumulation de comparaisons d'égalité, toutes inscrites dans des questions rhétoriques d'abord indirectes (§ 39), puis directes (§ 40). La réponse négative à toutes ces questions amène la conclusion que les Trente ont fait collectivement à la cité plus de mal que les bienfaits cumulés de chacun d'entre eux, sur lesquels les juges sont invités à interroger Ératosthène (« demandez-lui donc », § 39). Sur tous ces événements, voir Xénophon, *Hell.*, II, 3. Mais, contrairement à ce qu'insinue Lysias, ce ne sont pas les Trente qui ont fait détruire les Longs Murs. En effet, ils ont accédé au pouvoir après le désarmement d'Athènes [Bizos, *ad loc.*] ; cf. *infra*, Notes complémentaires, pp. 82-83).

39 Demandez-lui donc, à lui, de vous apprendre en quelle occasion les Trente ont tué autant d'ennemis qu'ils ont fait périr de citoyens, pris à l'ennemi autant de vaisseaux qu'ils lui en ont livré, quelle ville ils vous ont acquise qui valût la vôtre, asservie par eux. **40** Dira-t-on qu'ils ont dépouillé l'ennemi d'autant d'armes qu'ils vous en ont arraché à vous-mêmes, et pris d'assaut des murs qui valaient ceux de la patrie, qu'ils ont rasés ? Mais ce sont eux qui ont détruit les forts de l'Attique, preuve qu'en renversant les murs d'enceinte du Pirée, ils n'obéissaient pas aux ordres des Lacédémoniens, mais pensaient affermir leur propre domination [51].

41 J'ai souvent admiré l'audace de ses défenseurs ; mais j'ai compris que les hommes qui commettent tous les crimes sont les mêmes qui applaudissent de pareils criminels [52]. **42** Ce n'est pas la première fois qu'Ératosthène a travaillé contre le peuple. À l'époque des Quatre Cents, après avoir essayé d'établir dans l'armée le régime oligarchique, il abandonna le navire qu'il commandait et s'enfuit de l'Hellespont avec Iatroclès et d'autres dont je n'ai pas besoin de dire les noms [53]. Arrivé ici, il manœuvra contre les partisans de la démocratie. Je vais là-dessus produire des témoins.

52. Lysias commence ici l'examen de la carrière politique d'Ératosthène dans le camp des partisans de l'oligarchie, entre 411 et 404 (§§ 41-55). Les défenseurs visés ne sont pas des individus qui auraient soutenu Ératosthène dans l'arène judiciaire, mais le groupe entier des partisans d'une « oligarchie modérée » tels qu'ils se manifestent dans l'arène politique.

53. Aucune preuve ni aucun témoin n'est convoqué pour confirmer la désertion d'Ératosthène, et aucun renseignement précis ne vient éclairer sa contribution personnelle au régime des Quatre Cents, qui gouverna Athènes pendant quatre mois, en 411 (T. M. Murphy, « The Vilification of Eratosthenes and Theramenes in Lysias 12 », *AJPh* 110, 1989, pp. 40-49, notamment p. 44).

Μάρτυρες

43 Τὸν μὲν τοίνυν μεταξὺ βίον αὐτοῦ παρήσω· ἐπειδὴ δὲ ἡ ναυμαχία καὶ ἡ συμφορὰ τῇ πόλει ἐγένετο, δημοκρατίας ἔτι οὔσης, ὅθεν τῆς στάσεως ἦρξαν, πέντε ἄνδρες ἔφοροι κατέστησαν ὑπὸ τῶν καλουμένων ἑταίρων, συναγωγεῖς μὲν τῶν πολιτῶν, ἄρχοντες δὲ τῶν συνωμοτῶν, ἐναντία δὲ τῷ ὑμετέρῳ πλήθει πράττοντες· ὧν Ἐρατοσθένης καὶ Κριτίας ἦσαν. 44 Οὗτοι δὲ φυλάρχους τε ἐπὶ τὰς φυλὰς κατέστησαν, καὶ ὅ τι δέοι χειροτονεῖσθαι καὶ οὕστινας χρείη ἄρχειν παρήγγελλον, καὶ εἴ τι ἄλλο πράττειν βούλοιντο, κύριοι ἦσαν· οὕτως οὐχ ὑπὸ τῶν πολεμίων μόνον ἀλλὰ καὶ ὑπὸ τούτων πολιτῶν ὄντων ἐπεβουλεύεσθε ὅπως μήτ᾽ ἀγαθὸν μηδὲν ψηφιεῖσθε πολλῶν τε ἐνδεεῖς ἔσεσθε. 45 Τοῦτο γὰρ καλῶς ἠπίσταντο ὅτι ἄλλως μὲν οὐχ οἷοί τε ἔσονται περιγενέσθαι, κακῶς δὲ πραττόντων δυνήσονται· καὶ ὑμᾶς ἡγοῦντο τῶν παρόντων κακῶν ἐπιθυμοῦντας ἀπαλλαγῆναι περὶ τῶν μελλόντων οὐκ ἐνθυμήσεσθαι. 46 Ὡς τοίνυν τῶν ἐφόρων ἐγένετο, μάρτυρας ὑμῖν παρέξομαι, οὐ τοὺς τότε συμπράττοντας (οὐ γὰρ ἂν δυναίμην), ἀλλὰ τοὺς αὐτοῦ Ἐρατοσθένους ἀκούσαντας. 47 Καίτοι εἰ ἐσωφρόνουν, κατεμαρτύρουν

54. Il s'agit de la période qui a immédiatement suivi la défaite athénienne à la bataille navale d'Aigos Potamos, en 405. Les « associés » ou *hetaîroi* formaient des « clubs » d'oligarques *(hetaireîai)*, qui conspiraient contre le régime démocratique (Aristote, *Const. d'Athènes*, 34, 3). Cependant, Lysias est le seul à nous parler de ces « éphores », groupe informel issu des *hetaireîai* et chargé de donner au coup d'État oligarchique un air de légalité démocratique. Ce manque d'information n'est pas surprenant : les « éphores » athéniens, qui avaient emprunté leur dénomination au gouvernement de l'ennemi, ne revendiquaient certainement pas leur « fonction » publiquement. D'où le besoin éprouvé par Lysias de démontrer l'appartenance d'Ératosthène à ce comité informel

TÉMOINS

43 Ici se place une période de sa vie que je laisserai de côté. J'arrive au combat naval et au malheur qui frappa la cité. Nous étions encore sous le régime démocratique : un comité de cinq éphores (ce fut le point de départ de la révolution) fut établi par ceux qu'on appelait « les associés » [54] ; chargés de recruter des partisans, ils étaient les chefs des conjurés et travaillaient à la ruine de la démocratie. Ératosthène et Critias étaient du nombre. **44** Ils mirent des phylarques à la tête des tribus, dictaient les votes de l'assemblée et le choix des magistrats, et en toute chose leurs volontés ne trouvaient pas d'obstacle. Ainsi, ce n'était pas assez des ennemis : ces hommes, qui étaient nos concitoyens, formaient des complots contre vous pour vous empêcher de voter aucune mesure utile et vous imposer toutes sortes de privations. **45** Ils le savaient bien que, dans d'autres circonstances, ils ne pourraient vous réduire, mais qu'ils y réussiraient en profitant de vos malheurs ; ils se disaient que votre impatience d'être délivrés des maux présents vous empêcherait de songer aux maux à venir. **46** Pour prouver qu'Ératosthène a fait partie des éphores, je vais faire comparaître comme témoins non pas ses complices (j'en serais bien empêché) mais ceux qui ont appris la chose de sa propre bouche. **47** À dire vrai,

(§ 46). Critias et lui-même en sont d'ailleurs les seuls membres connus. Bien que membre des Quatre Cents, Critias se trouvait probablement à Athènes en 405. En effet, il avait sans doute été un « modéré » sous les Quatre Cents et n'avait pas été exilé en 410 : voir P. Krentz, *The Thirty at Athens*, *op. cit.*, pp. 44-46 ; G. Adeleye, « Critias : Member of the Four Hundred ? », *TAPhA* 104, 1974, pp. 1-9 ; *contra* Murphy, *art. cit.*, p. 43. Le « modérantisme » de Critias sous les Quatre Cents fut complètement effacé par sa brutalité sous les Trente, qui lui valut la réputation de chef de file des oligarques extrémistes.

ἂν αὐτῶν, καὶ τοὺς διδασκάλους τῶν σφετέρων ἁμαρτημάτων σφόδρ' ἂν ἐκόλαζον, καὶ τοὺς ὅρκους, εἰ ἐσωφρόνουν, οὐκ ἂν ἐπὶ μὲν τοῖς τῶν πολιτῶν κακοῖς πιστοὺς ἐνόμιζον, ἐπὶ δὲ τοῖς τῆς πόλεως ἀγαθοῖς ῥᾳδίως παρέβαινον. Πρὸς μὲν οὖν τούτους τοσαῦτα λέγω, τοὺς δὲ μάρτυράς μοι κάλει. Καὶ ὑμεῖς ἀνάβητε.

Μάρτυρες

48 Τῶν μὲν μαρτύρων ἀκηκόατε. Τὸ δὲ τελευταῖον εἰς τὴν ἀρχὴν καταστὰς ἀγαθοῦ μὲν οὐδενὸς μετέσχεν, ἄλλων δὲ πολλῶν. Καίτοι εἴπερ ἦν ἀνὴρ ἀγαθός, ἐχρῆν αὐτὸν πρῶτον μὲν μὴ παρανόμως ἄρχειν, ἔπειτα τῇ βουλῇ μηνυτὴν γίγνεσθαι περὶ τῶν εἰσαγγελιῶν ἁπασῶν, ὅτι ψευδεῖς εἶεν, καὶ Βάτραχος καὶ Αἰσχυλίδης οὐ τἀληθῆ μηνύουσιν, ἀλλὰ τὰ ὑπὸ τῶν τριάκοντα πλασθέντα εἰσαγγέλλουσι, συγκείμενα ἐπὶ τῇ τῶν πολιτῶν βλάβῃ. 49 Καὶ μὲν δή, ὦ ἄνδρες δικασταί, ὅσοι κακόνοι ἦσαν τῷ ὑμετέρῳ πλήθει οὐδὲν ἔλαττον εἶχον σιωπῶντες· ἕτεροι γὰρ ἦσαν οἱ λέγοντες καὶ πράττοντες ὧν οὐχ οἷόν τ' ἦν μείζω κακὰ γενέσθαι τῇ πόλει. Ὁπόσοι δ' εὖνοί φασιν εἶναι, πῶς οὐκ ἐνταῦθα ἔδειξαν, αὐτοί τε τὰ βέλτιστα λέγοντες καὶ τοὺς ἐξαμαρτάνοντας ἀποτρέποντες ;

55. Manifestement, les serments prêtés avant le coup d'État étaient toujours respectés par les conjurés, même après le rétablissement de la démocratie. Au grand dam de Lysias.

56. La conclusion de l'accusation reste trop vague pour être décisive. Noter néanmoins « le ton urbainement sarcastique » de la tournure *állōn dè pollôn*, mot à mot : « mais à de nombreuses actions tout autres » [G. Campagna, *Lisia. Contro Eratostene*, Turin, 1982, *ad loc.*].

57. Des marionnettes des Trente. Ils ont fourni, paraît-il, un alibi judiciaire aux persécutions contre les adversaires politiques de leurs patrons. Batrachos est mentionné comme « le pire de tous les délateurs » dans un discours attribué à tort à l'orateur ([Lysias], *Sur l'impiété d'Andocide*, 45), et faisait l'objet d'un autre discours, dont nous n'avons conservé que le titre : *Sur le meurtre de Batrachos*. Voir S. C. Todd, *A Commentary on Lysias*, *op. cit.*, *ad* 6, 45. Nous n'avons en revanche aucun autre témoignage sur Æschylidès.

si ses partisans étaient sages, ils chargeraient par leurs témoignages et feraient châtier sévèrement des hommes qui leur ont enseigné le crime ; quant aux serments, s'ils étaient sages, ils ne se croiraient pas tenus de les observer quand il s'agit de faire du mal à leurs concitoyens [55], pour les violer sans scrupules quand il y va des intérêts de la cité. Mais en voilà assez à leur adresse. *(Au greffier.)* Appelle-moi les témoins. Témoins, montez à la tribune.

TÉMOINS

48 Vous avez entendu les témoins. Pour finir, une fois installé au pouvoir, il ne s'associa à aucune œuvre utile et fit beaucoup de mal [56]. Cependant, s'il eût été un honnête homme, il devait d'abord refuser un pouvoir illégal, puis révéler au Conseil que toutes les accusations étaient fausses, que les dénonciations de Batrachos et d'Æschylidès [57], loin d'être fondées, n'étaient que des inventions forgées par les Trente pour perdre les citoyens. **49** Au reste, tous ceux qui voulaient du mal au peuple, juges, ne perdaient rien à garder le silence ; il y en avait d'autres pour parler et agir à leur place et faire à la cité tout le mal qui pouvait lui être fait [58]. Quant à ceux qui proclament leur dévouement à la démocratie [59], pourquoi n'en ont-ils pas alors donné des preuves, en proposant eux-mêmes les mesures les plus utiles et en détournant les autres de faire le mal ?

58. Mot à mot : « pour commettre contre la cité des crimes tels qu'il n'était pas possible d'en faire de pires ».

59. Comme le montre l'exemple d'Ératosthène, invoqué au paragraphe suivant, il ne s'agit pas ici des démocrates, mais de ceux parmi les oligarques, protagonistes ou complices du régime des Trente, qui ont prétendu, *après* la restauration démocratique, avoir toujours été « bienveillants envers la démocratie » (*eûnoi*, sous-entendu : *tôi pléthei*).

50 Ἴσως δ' ἂν ἔχοι εἰπεῖν ὅτι ἐδεδοίκει, καὶ ὑμῶν τοῦτο ἐνίοις ἱκανὸν ἔσται. Ὅπως τοίνυν μὴ φανήσεται ἐν τῷ λόγῳ τοῖς τριάκοντα ἐναντιούμενος· εἰ δὲ μή, ἐνταυθοῖ δῆλος ἔσται ὅτι ἐκεῖνά τε αὐτῷ ἤρεσκε, καὶ τοσοῦτον ἐδύνατο ὥστε ἐναντιούμενος μηδὲν κακὸν παθεῖν ὑπ' αὐτῶν. Χρῆν δ' αὐτὸν ὑπὲρ τῆς ὑμετέρας σωτηρίας ταύτην τὴν προθυμίαν ἔχειν, ἀλλὰ μὴ ὑπὲρ Θηραμένους, ὃς εἰς ὑμᾶς πολλὰ ἐξήμαρτεν. **51** Ἀλλ' οὗτος τὴν μὲν πόλιν ἐχθρὰν ἐνόμιζεν εἶναι, τοὺς δ' ὑμετέρους ἐχθροὺς φίλους, ὡς ἀμφότερα ταῦτα ἐγὼ πολλοῖς τεκμηρίοις παραστήσω, | καὶ τὰς πρὸς ἀλλήλους διαφορὰς οὐχ ὑπὲρ ὑμῶν ἀλλ' ὑπὲρ ἑαυτῶν γιγνομένας, ὁπότεροι τὰ πράγματα πράξουσι καὶ τῆς πόλεως ἄρξουσιν. **52** Εἰ γὰρ ὑπὲρ τῶν ἀδικουμένων ἐστασίαζον, ποῦ κάλλιον [ἂν] ἦν ἀνδρὶ ἄρχοντι, ἢ Θρασυβούλου Φυλὴν κατειληφότος, τότε ἐπιδείξασθαι τὴν αὑτοῦ εὔνοιαν ; Ὁ δ' ἀντὶ τοῦ ἐπαγγείλασθαί τι ἢ πρᾶξαι ἀγαθὸν πρὸς τοὺς ἐπὶ Φυλῇ, ἐλθὼν μετὰ τῶν συναρχόντων εἰς Σαλαμῖνα καὶ Ἐλευσῖνάδε τριακοσίους τῶν πολιτῶν

60. Il l'a déjà dit, effectivement, au § 25, mais en parlant des raisons pour lesquelles il avait arrêté Polémarque. Ici, le propos est plus vaste, car il concerne l'ensemble de l'action, prétendument modérée, d'Ératosthène et de Théramène.

61. L'argument est passablement spécieux : qu'il ait fait de la résistance ou non, Ératosthène est complice des Trente. S'il n'en a pas fait, c'est qu'il était d'accord avec leurs exactions. S'il en a fait, c'est qu'il était suffisamment influent pour ne pas craindre les représailles. Mais, dans ce cas, pourquoi n'est-il pas allé encore plus loin ?

62. En fait, le seul acte de résistance avéré d'Ératosthène fut de s'opposer à la mise à mort de Théramène.

63. L'antithèse s'appuie sur une formule commune à plusieurs traités, selon lesquels chaque citoyen d'une cité s'alliant à Athènes devait jurer que, « à ses yeux, les amis des Athéniens seraient ses amis et les ennemis des Athéniens, ses ennemis ». Voir, par exemple, *IG* I³ 76 (422 av. J.-C.), ll. 18-19. Ératosthène et Théramène, au contraire, traitent leurs concitoyens et leur cité en ennemis *(echthrán)*.

64. Lysias annonce qu'il démontrera deux points : 1° Que Théramène, Ératosthène et les autres membres de la clique étaient des ennemis

50 Il pourrait dire peut-être qu'il avait peur [60], excuse qui paraîtra valable à certains d'entre vous ; mais qu'il n'apparaisse pas alors comme ayant fait de l'opposition : autrement, il sera évident qu'en approuvant les actes de ses collègues, il était assez puissant pour s'y opposer sans risques [61]. C'est pour votre salut qu'il devait montrer ce zèle, non pour Théramène, qui fut si souvent coupable envers vous [62]. **51** Mais non, il regardait la cité comme son ennemie, et vos ennemis étaient des amis à ses yeux [63] ; je vais de ce double sentiment vous fournir des preuves multiples. Vos allez voir que, s'ils se querellaient, c'était au nom de leur intérêt et non pas du vôtre, et pour décider auquel des deux partis reviendraient la direction des affaires et le gouvernement de la cité [64]. **52** Si c'était l'intérêt des opprimés qui eût causé leurs dissensions, quelle plus belle occasion pour un chef de montrer son dévouement au peuple que la prise de Phylè par Thrasybule ? Mais au lieu d'offrir ou de rendre quelque service aux vainqueurs de Phylè [65], il se transporta à Salamine et à Éleusis avec

d'Athènes. Ce point est présenté comme étant lui-même double *(amphótera)*, parce qu'il se compose de deux volets distincts : hostilité envers les amis et alliance avec les ennemis. 2° Que la dispute entre Critias et Théramène, sur laquelle s'appuie la stratégie défensive d'Ératosthène, n'était pas due aux scrupules de l'un d'eux mais, bien au contraire, au fait que chacun défendait égoïstement ses intérêts personnels contre ceux de l'autre. Or la démonstration – qui se conclut par la paronomase *práxousi ... árxousin* – reste fragile : Lysias lui-même admet ailleurs que les dissensions étaient réelles (Lysias, *Pour un citoyen accusé de menées antidémocratiques*, 22), tandis que Xénophon présente l'affaire des métèques comme un point d'achoppement entre Théramène et Critias (Xénophon, *Hell.*, II, 3, 41). Cf. Aristote, *Const. d'Athènes*, 36.

65. Lieu-dit à 15 km au nord-ouest d'Athènes, situé à flanc de coteau du mont Parnès (d'où la préposition *epì* avec datif, « sur les hauteurs de Phylè »), sur le chemin de Thèbes. La forteresse dont subsistent encore des traces est postérieure aux événements. Voir D. Krentz, *op. cit.*, p. 72, n. 4.

ἀπήγαγεν εἰς τὸ δεσμωτήριον, καὶ μιᾷ ψήφῳ αὐτῶν ἁπάντων θάνατον κατεψηφίσατο.

53 Ἐπειδὴ δὲ εἰς τὸν Πειραιᾶ ἤλθομεν καὶ αἱ ταραχαὶ γεγενημέναι ἦσαν καὶ περὶ τῶν διαλλαγῶν οἱ λόγοι ἐγίγνοντο, πολλὰς ἑκάτεροι ἐλπίδας εἴχομεν πρὸς ἀλλήλους ἔσεσθαι, ὡς ἀμφοτέροις ἔδοξεν. Οἱ μὲν γὰρ ἐκ Πειραιῶς κρείττους ὄντες εἴασαν αὐτοὺς ἀπελθεῖν· 54 οἱ δὲ εἰς τὸ ἄστυ ἐλθόντες τοὺς μὲν τριάκοντα ἐξέβαλον πλὴν Φείδωνος καὶ Ἐρατοσθένους, ἄρχοντας δὲ τοὺς ἐκείνοις ἐχθίστους εἵλοντο, ἡγούμενοι δικαίως ἂν ὑπὸ τῶν αὐτῶν τούς τε τριάκοντα μισεῖσθαι καὶ τοὺς ἐν Πειραιεῖ φιλεῖσθαι. 55 Τούτων τοίνυν Φείδων [ὁ τῶν τριάκοντα] γενόμενος καὶ Ἱπποκλῆς καὶ Ἐπιχάρης ὁ Λαμπτρεὺς καὶ ἕτεροι οἱ δοκοῦντες εἶναι ἐναντιώτατοι Χαρικλεῖ καὶ Κριτίᾳ ⟨καὶ⟩ τῇ ἐκείνων ἑταιρείᾳ, ἐπειδὴ αὐτοὶ εἰς τὴν ἀρχὴν κατέστησαν, πολὺ μείζω στάσιν καὶ πόλεμον ἐπὶ τοὺς ἐν Πειραιεῖ [ἢ] τοῖς ἐξ ἄστεως ἐποίησαν· 56 ᾧ καὶ φανερῶς ἐπεδείξαντο ὅτι οὐχ ὑπὲρ τῶν ἐν Πειραιεῖ οὐδ' ὑπὲρ τῶν ἀδίκως ἀπολλυμένων ἐστασίαζον, οὐδ' οἱ τεθνεῶτες αὐτοὺς ἐλύπουν οὐδ' οἱ μέλλοντες ἀποθανεῖσθαι, ἀλλ' οἱ μεῖζον δυνάμενοι καὶ θᾶττον πλουτοῦντες. 57 Λαβόντες γὰρ τὰς ἀρχὰς καὶ τὴν πόλιν ἀμφοτέροις ἐπο-

66. Voir Notes complémentaires, pp. 79-80.

67. « Notre arrivée » : Lysias fait partie des démocrates revenus d'exil sous la conduite de Thrasybule.

68. Voir Notes complémentaires, pp. 80-81.

69. « Les autres », c'est-à-dire les oligarques, n'étaient certainement pas aussi unanimes dans leur désir de réconciliation. Voir XÉNOPHON, *Hell.* II, 4, 23, qui insiste sur les clivages internes aux Trois mille. L'impression de concorde qui ressort de notre discours est trop conforme à la stratégie rhétorique de Lysias pour être vraie. En effet, pour faire condamner

ses collègues, fit conduire en prison trois cents citoyens, et, par un seul vote [66], les condamna tous à mort.

53 Puis, ce fut notre arrivée au Pirée [67], les troubles, les pourparlers en vue d'une réconciliation et l'ardent espoir des deux partis de voir s'établir une entente approuvée de part et d'autre [68]. Les gens du Pirée, victorieux, laissèrent leurs adversaires s'éloigner. **54** Les autres rentrèrent dans la ville [69], chassèrent les Trente à l'exception de Phidon et d'Ératosthène, et choisirent comme chefs les citoyens les plus hostiles aux tyrans, convaincus que, tout naturellement, les mêmes hommes qui détestaient les Trente devaient avoir de la sympathie pour les gens du Pirée. **55** Parmi eux, il y avait Phidon, avec Hippoclès, Épicharès du dème de Lamptres, et d'autres qui passaient pour les adversaires les plus acharnés de Chariclès et de Critias, et de leur coterie. Mais, une fois au pouvoir, ils provoquèrent entre les gens de la ville et ceux du Pirée un conflit et une guerre encore beaucoup plus graves [70]. **56** Par là ils firent voir que, s'ils s'étaient détachés de leur parti, ce n'était pas par intérêt pour les gens du Pirée et les citoyens injustement mis à mort ; ce qui les faisait souffrir, ce n'était pas les morts ou ceux qui allaient mourir, c'était de voir les autres plus forts qu'eux ou plus vite enrichis. **57** Une fois maîtres des magistratures et de la cité, ils firent la guerre à la fois

Ératosthène par un jury composé pour partie de citoyens ayant appartenu aux Trois mille, il était nécessaire de présenter ces derniers comme des victimes des Trente d'abord, puis des Dix. En effet, à en croire Lysias, de même que les Trente étaient les seuls responsables de tous les crimes commis sous leur règne, de même les Dix sont responsables de la reprise et de l'intensification *(polù meízō)* des opérations militaires contre les démocrates.

70. Voir Notes complémentaires, pp. 81-82.

λέμουν, τοῖς τε τριάκοντα πάντα κακὰ εἰργασμένοις καὶ ὑμῖν πάντα κακὰ πεπονθόσι. Καίτοι τοῦτο πᾶσι δῆλον ἦν ὅτι εἰ μὲν ἐκεῖνοι δικαίως ἔφευγον, ὑμεῖς ἀδίκως, εἰ δ' ὑμεῖς δικαίως, οἱ τριάκοντα ἀδίκως· οὐ γὰρ δὴ ἑτέρων ἔργων αἰτίαν λαβόντες ἐκ τῆς πόλεως ἐξέπεσον, ἀλλὰ τούτων. **58** Ὥστε σφόδρα χρὴ ὀργίζεσθαι ὅτι Φείδων, αἱρεθεὶς ὑμᾶς διαλλάξαι καὶ καταγαγεῖν, τῶν αὐτῶν ἔργων Ἐρατοσθένει μετεῖχε καὶ τῇ αὐτῇ γνώμῃ τοὺς μὲν κρείττους αὑτῶν δι' ὑμᾶς κακῶς ποιεῖν ἕτοιμος ἦν, ὑμῖν δὲ ἀδίκως φεύγουσιν οὐκ ἠθέλησεν ἀποδοῦναι τὴν πόλιν, ἀλλ' ἐλθὼν εἰς Λακεδαίμονα ἔπειθεν αὐτοὺς στρατεύεσθαι, διαβάλλων ὅτι Βοιωτῶν ἡ πόλις ἔσται, καὶ ἄλλα λέγων οἷς ᾤετο πείσειν μάλιστα. **59** Οὐ δυνάμενος δὲ τούτων τυχεῖν, εἴτε καὶ τῶν ἱερῶν ἐμποδὼν ὄντων εἴτε καὶ αὐτῶν οὐ βουλομένων, ἑκατὸν τάλαντα ἐδανείσατο, ἵνα ἔχοι ἐπικούρους μισθοῦσθαι, καὶ Λύσανδρον ἄρχοντα ᾐτήσατο, εὐνούστατον μὲν ὄντα τῇ ὀλιγαρχίᾳ, κακονούστατον δὲ τῇ πόλει, μισοῦντα δὲ μάλιστα τοὺς ἐν Πειραιεῖ. **60** Μισθωσάμενοι δὲ πάντας ἀνθρώπους ἐπ' ὀλέθρῳ τῆς

71. *Pánta kakà eirgasménois – pánta kakà peponthósi* : un isocolon parfait pour mettre en valeur l'antithèse [Campagna, *ad loc.*]. Une fois de plus, la symétrie a une valeur « stratégique ». En effet, à partir d'ici et jusqu'à la fin du discours, les apostrophes au jury (« vous qui avez tant souffert », « votre exil », « votre majorité démocratique » : *tò huméteron plêthos*, § 66) assimileront systématiquement et clairement les juges aux « gens du Pirée », c'est-à-dire aux démocrates, ce qui est plutôt un compliment. C'est la suite logique du postulat du § 55 : le désir de réconciliation et de concorde aboutit à la fusion entre ennemis.

72. Artifice oratoire : Phidon, pourtant membre de la décarchie, est relégué au rôle d'imitateur d'Ératosthène [Campagna, *ad loc.*]. C'est cet artifice qui permet à Lysias, quand il tire la leçon des agissements de Phidon à Sparte (§ 60), d'associer Ératosthène au traître comme sujet des formes verbales *(misthōsámenoi ... edúnanto pareskeuázonto)*, tandis que, dans le § 59, où il résume ces mêmes agissements, les verbes sont au singulier, avec Phidon comme unique sujet (*edaneísato*, etc.).

aux Trente, qui vous avaient fait tant de mal, et à vous, qui aviez tant souffert [71]. Cependant – la chose était claire pour tout le monde –, si l'exil des Trente a été un acte de justice, le vôtre avait été injuste, et, inversement, si c'est le vôtre qui était juste, celui des Trente ne se justifiait pas ; car ce n'est pas pour un autre grief qu'ils ont été bannis, c'est bien pour celui-là. **58** Aussi Phidon mérite-t-il toute notre colère : choisi pour négocier la réconciliation et vous faire rentrer dans la ville, il s'est associé à la politique d'Ératosthène et a suivi les mêmes principes [72]. Empressé à se servir de vous contre ceux de ses collègues qu'il voyait au-dessus de lui [73], mais opposé à votre retour dans la cité dont vous étiez injustement bannis, il se rendit chez les Lacédémoniens et les pressa d'entrer en campagne, prétendant que les Béotiens allaient mettre la main sur la ville [74], et débitant tous les mensonges qu'il croyait le plus capables de les décider. **59** Comme il n'y parvenait pas – soit que les sacrifices fussent contraires, soit simple refus des Lacédémoniens –, il leur emprunta cent talents, afin d'avoir des auxiliaires à sa solde, et demanda comme général Lysandre, le défenseur zélé de l'oligarchie et l'ennemi juré de notre ville, qui détestait particulièrement les vainqueurs du Pirée. **60** Pour ruiner Athènes, ils prirent donc à leur

73. Traduire plutôt « au-dessus d'eux » *(kreíttous hautôn)*, c'est-à-dire au-dessus d'Ératosthène et de lui-même. Il s'agit des membres des Trente qui s'étaient réfugiés à Éleusis et qui y avaient fondé une cité sécessionniste dont ils étaient seuls maîtres (voir ANASTASSIADIS, *op. cit.*).

74. Ce n'était peut-être pas totalement faux. Après tout, Thrasybule et les siens avaient bien bénéficié de l'aide et de l'hospitalité des Thébains pendant leur exil ; ceux-ci ont donc pu l'aider pendant les opérations de reconquête du pouvoir (voir DIODORE DE SICILE, XIV, 32, 1), comme ils le feraient indirectement un peu plus tard, en refusant de se battre aux côtés des Spartiates et des Dix contre Thrasybule.

πόλεως, καὶ πόλεις ἐπάγοντες, καὶ τελευτῶντες Λακεδαιμονίους καὶ τῶν συμμάχων ὁπόσους ἐδύναντο πεῖσαι, οὐ διαλλάξαι ἀλλ᾽ ἀπολέσαι παρεσκευάζοντο τὴν πόλιν εἰ μὴ δι᾽ ἄνδρας ἀγαθούς, οἷς ὑμεῖς δηλώσατε παρὰ τῶν ἐχθρῶν δίκην λαβόντες ὅτι καὶ ἐκείνοις χάριν ἀποδώσετε. **61** Ταῦτα δὲ ἐπίστασθε μὲν καὶ αὐτοί, καὶ ⟨οὐκ⟩ οἶδ᾽ ὅτι δεῖ μάρτυρας παρασχέσθαι· ὅμως δέ· ἐγώ τε γὰρ δέομαι ἀναπαύσασθαι, ὑμῶν τ᾽ ἐνίοις ἥδιον ὡς πλείστων τοὺς αὐτοὺς λόγους ἀκούειν.

Μάρτυρες

62 Φέρε δὴ καὶ περὶ Θηραμένους ὡς ⟨ἂν⟩ δύνωμαι διὰ βραχυτάτων διδάξω. Δέομαι δ᾽ ὑμῶν ἀκοῦσαι ὑπέρ τ᾽ ἐμαυτοῦ καὶ τῆς πόλεως, καὶ μηδενὶ τοῦτο παραστῇ ὡς Ἐρατοσθένους κινδυνεύοντος Θηραμένους κατηγορῶ. Πυνθάνομαι γὰρ ταῦτα ἀπολογήσεσθαι αὐτὸν ὅτι ἐκείνῳ φίλος ἦν καὶ τῶν αὐτῶν ἔργων μετεῖχε. **63** Καίτοι σφόδρ᾽ ἂν αὐτὸν οἶμαι | μετὰ Θεμιστοκλέους πολιτευόμενον

75. *hoîs humeîs dēlōsate … hóti .. apodōsete* : « montrez-leur (impératif aoriste) que … vous … témoignerez … (indicatif futur) ». Selon Aristote, *Const. d'Athènes*, 38, 3, ces « bons citoyens » sont les seconds dix : « on destitua les Dix *(katalúsantes toùs déka)* élus en premier lieu et l'on élut dix autres citoyens *(állous heílonto déka)* ». Noter que Lysias évite soigneusement de mentionner le rôle joué par le Spartiate Pausanias dans la réconciliation.

76. Chleuasme (voir *supra*, n. 5).

77. Le superlatif *pleístōn*, précédé de l'intensif *hōs*, signifie « aussi nombreux que possible ».

78. « Lysias veut que sa plaidoirie soit en même temps le réquisitoire de la démocratie contre l'oligarchie » [Campagna, *ad loc.*]. Noter le retour du verbe *didáskō* (cf. § 3, n. 6).

solde des gens de toute sorte, entraînant quelques cités et, à la fin, les Lacédémoniens eux-mêmes, avec tous les alliés qu'ils purent décider ; ils se préparaient ainsi non à nous réconcilier, mais à perdre l'État, et ils l'eussent fait sans l'intervention de bons citoyens. Vous allez montrer à ces derniers [75], par le châtiment de vos ennemis, que vous savez leur témoigner votre reconnaissance. **61** Tous ces faits, vous les connaissez par vous-mêmes, et je ne vois pas qu'il soit nécessaire de produire des témoins. Je le ferai pourtant : j'ai besoin de repos [76], et certains d'entre vous ne seront pas fâchés d'entendre refaire les mêmes récits par des témoins aussi nombreux que possible [77].

TÉMOINS

62 Et maintenant, je vais vous édifier aussi sur le compte de Théramène, le plus brièvement que je pourrai. Je vous demande de m'écouter, dans mon intérêt comme dans l'intérêt de la cité [78]. Et que personne n'ait cette idée que je fais le procès de Théramène quand c'est Ératosthène qui est en cause. Car il doit, me dit-on, invoquer pour sa défense qu'il était son ami, et qu'il s'est associé à sa politique [79]. **63** S'il eût partagé le gouvernement avec

79. Au § 58, la formule *tôn autôn érgōn meteîche* s'appliquait au traître Phidon, que Lysias présentait comme un suiveur « associé à la politique d'Ératosthène », ce dernier étant ainsi promu au rang de « cerveau » de la trahison (voir *supra*, n. 72). Ici, c'est Ératosthène qui est censé se rabaisser lui-même au rang de suiveur « associé à la politique de Théramène », pour s'exonérer des crimes des Trente. Lysias annonce qu'il s'opposera à la victimisation de Théramène, exécuté sur ordre de Critias et bénéficiant depuis d'une auréole de résistant contre les Trente. Il espère pouvoir montrer ainsi à quelle politique s'était associé le « suiveur » Ératosthène.

προσποιεῖσθαι πράττειν ὅπως οἰκοδομηθήσεται τὰ τείχη, ὁπότε καὶ μετὰ Θηραμένους ὅπως καθαιρεθήσεται. Οὐ γάρ μοι δοκοῦσιν ἴσου ἄξιοι γεγενῆσθαι· ὁ μὲν γὰρ Λακεδαιμονίων ἀκόντων ᾠκοδόμησεν αὐτά, οὗτος δὲ τοὺς πολίτας ἐξαπατήσας καθεῖλε. **64** Περιέστηκεν ⟨δ'⟩ οὖν τῇ πόλει τοὐναντίον ἢ ὡς εἰκὸς ἦν. Ἄξιον μὲν γὰρ ⟨ἦν⟩ καὶ τοὺς φίλους τοὺς Θηραμένους προσαπολωλέναι, πλὴν εἴ τις ἐτύγχανεν ἐκείνῳ τἀναντία πράττων· νῦν δὲ ὁρῶ τάς τε ἀπολογίας εἰς ἐκεῖνον ἀναφερομένας, τούς τ' ἐκείνῳ συνόντας τιμᾶσθαι πειρωμένους, ὥσπερ πολλῶν ἀγαθῶν αἰτίου ἀλλ' οὐ μεγάλων κακῶν γεγενημένου. **65** Ὃς πρῶτον μὲν τῆς προτέρας ὀλιγαρχίας αἰτιώτατος ἐγένετο, πείσας ὑμᾶς τὴν ἐπὶ τῶν τετρακοσίων πολιτείαν ἑλέσθαι. Καὶ ὁ μὲν πατὴρ αὐτοῦ τῶν προβούλων ὢν ταὔτ' ἔπραττεν, αὐτὸς δὲ δοκῶν εὐνούστατος εἶναι τοῖς πράγμασι στρα-

80. Voir Notes complémentaires, pp. 82-83.

81. Les Athéniens auraient interdit par décret à leurs orateurs de plaider la destruction des fortifications de la ville. L'imposture dont parle ici Lysias est que Théramène arracha à l'Assemblée l'autorisation d'entrer en pourparlers directs avec le général spartiate Lysandre uniquement pour faire durer le siège jusqu'à ce que les Athéniens soient à bout de forces et prêts à capituler à n'importe quelles conditions (voir Xénophon, *Hell.*, II, 2, 16 ; Lysias, *Contre Agoratos*, 11 ; cf. *infra*, n. 90). Pour une hypothèse sur le contenu de ces pourparlers entre Théramène et Lysandre, voir P. Krentz, *op. cit.*, pp. 39-41 ; pour une appréciation différente des intentions de Théramène, voir *ibid.*, pp. 37-38.

82. Noter la dislocation du syntagme verbal formé par le participe (*hōsper … gegenēménou*, « comme s'il s'était rendu ») et l'attribut

Thémistocle, il n'eût pas manqué, j'imagine, de se vanter d'avoir travaillé à la construction des murs, du moment qu'il se targue d'avoir collaboré avec Théramène à leur destruction [80]. De fait, ces deux personnages ne me paraissent pas comparables : Thémistocle a élevé les murailles en dépit des Lacédémoniens ; cet homme a abusé ses compatriotes pour les détruire [81]. **64** Quoi qu'il en soit, les choses ont tourné dans la ville tout autrement qu'on ne devait s'y attendre : les amis de Théramène méritaient de périr eux aussi, sauf ceux, s'il s'en trouve, qui l'ont combattu, et je les vois au contraire invoquer son souvenir pour leur défense ; c'est un titre à votre considération, que d'avoir fait partie de son entourage. On dirait qu'il s'est signalé par toutes sortes de services, et non par les torts les plus graves [82]. **65** Il a d'abord contribué plus que personne à établir la première oligarchie, en vous persuadant d'adopter le régime des Quatre Cents [83]. Son père, qui fut membre du conseil préparatoire, avait déjà suivi la même politique. Quant à Théramène, en qui on voyait un partisan convaincu du nouveau gouvernement, il fut nommé stratège par les

de son sujet (*aitíou*, « responsable »). Lysias évite ainsi l'effet d'une antithèse trop facile (*pollôn agathôn … all' ou megálōn kakôn*, « de nombreux bienfaits et non pas de grands malheurs »), tout en y insistant à travers la dissymétrie entre les deux idées. En effet, en grec, les « grands malheurs » prennent beaucoup plus de place dans la phrase que les « nombreux bienfaits ».

83. En effet, c'est le peuple qui a voté, en 411 av. J.-C., l'instauration du régime oligarchique des Quatre Cents, mais les sources soulignent le rôle clé qu'a joué Théramène, aux côtés des véritables protagonistes, à savoir Antiphon, tête pensante de l'anti-démocratie, Pisandre et Phrynichos : voir Thucydide, VIII, 68, 4-69, 2 ; 90, 3 ; Xénophon, *Hell.*, II, 3, 30 ; 45 ; Aristote, *Const. d'Athènes*, 32, 2 ; Lysias, *Pour un citoyen accusé de menées antidémocratiques*, 9.

τηγὸς ὑπ' αὐτῶν ᾑρέθη. 66 Καὶ ἕως μὲν ἐτιμᾶτο, πιστὸν ἑαυτὸν [τῇ πόλει] παρεῖχεν· ἐπειδὴ δὲ Πείσανδρον μὲν καὶ Κάλλαισχρον καὶ ἑτέρους ἑώρα προτέρους αὐτοῦ γιγνομένους, τὸ δὲ ὑμέτερον πλῆθος οὐκέτι βουλόμενον τούτων ἀκροᾶσθαι, τότ' ἤδη διά τε τὸν πρὸς ἐκείνους φθόνον καὶ τὸ παρ' ὑμῶν δέος μετέσχε τῶν Ἀριστοκράτους ἔργων. 67 Βουλόμενος δὲ τῷ ὑμετέρῳ πλήθει δοκεῖν πιστὸς εἶναι, Ἀντιφῶντα καὶ Ἀρχεπτόλεμον φιλτάτους ὄντας αὐτῷ κατηγορῶν ἀπέκτεινεν, εἰς τοσοῦτον δὲ κακίας ἦλθεν ὥστε ἅμα μὲν διὰ τὴν πρὸς ἐκείνους πίστιν ὑμᾶς κατεδουλώσατο, διὰ δὲ τὴν πρὸς ὑμᾶς τοὺς φίλους ἀπώλεσε. 68 Τιμώμενος δὲ καὶ τῶν μεγίστων ἀξιού-

84. Hagnon, fils de Nicias et père de Théramène, était l'un des dix *próbouloi* (le poète tragique Sophocle faisait partie de ce comité : Aristote, *Rhétorique*, 1419a 27) qui s'étaient chargés, en 412 av. J.-C., après le désastre de Sicile, d'« assagir » la démocratie (*sōphronísai* : Thucydide, VIII, 1, 3). En réalité, ils ont ouvert la voie à l'oligarchie des Quatre Cents et ont activement participé à son organisation. Les manuscrits donnent « il fut nommé stratège par lui » *(hup' autoû)*, c'est-à-dire … par son propre père ; « par eux » *(hup' autôn)*, c'est-à-dire par les dix oligarques du comité, c'est une correction faite au XIXe siècle.

85. Voir Notes complémentaires, pp. 83-84.

86. Antiphon de Rhamnonte, célèbre logographe, sophiste et orateur, avait 69 ans en 411 av. J.-C., quand il s'érigea en théoricien et tacticien de la révolution oligarchique des Quatre Cents (Thucydide, VIII, 68, 1-2). Il fut condamné à mort en 410 pour sa participation au régime. Sa personnalité est si complexe qu'on a longtemps cru qu'Antiphon le sophiste et Antiphon l'orateur n'étaient pas la même personne. Cette idée est quasiment abandonnée depuis l'étude de M. Gagarin, *Antiphon the*

oligarques[84]. **66** Tant qu'il fut en crédit, il leur resta fidèle. Mais quand il vit que Pisandre, Callaischros et d'autres prenaient le pas sur lui, et que d'ailleurs le peuple ne voulait plus leur obéir, à partir de ce moment-là, par jalousie à l'égard de ses rivaux et par crainte du peuple, il se fit le collaborateur d'Aristocratès[85]. **67** Pour vous donner un gage de sa fidélité, il accusa Antiphon et Archéptolémos, ses meilleurs amis, et les fit périr[86]. Et voyez jusqu'où il poussa la bassesse : pour gagner la confiance des oligarques, il vous avait réduits en servitude, et pour gagner votre confiance à vous, il fit périr ses propres amis[87]. **68** Comblé d'honneurs

Athenian. Oratory, Law and Justice in the Age of the Sophists, Austin, 2002. Lysias se garde bien de lui attribuer le rôle capital qu'il a certainement joué sous ce régime, parce qu'il ne veut pas qu'il fasse de l'ombre à sa cible, Théramène. Archéptolémos fut jugé et condamné, en même temps qu'Antiphon, pour trahison. Il était sans doute le fils d'Hippodamos de Milet, le célèbre architecte et urbaniste qui avait dessiné le plan en damier du Pirée (voir [Plutarque], *Vies des Dix Orateurs*, 834a-b, qui nous transmet l'arrêt de mort ; cf. A. H. Sommerstein, « Notes on Aristophanes' Knights », *CQ*, ns 30, 1980, pp. 46-56).

87. Noter l'antithèse ; mais quel était, au juste, le tort de Théramène ? S'il finit par faire preuve de dévouement envers le peuple *(tèn pròs humâs [scil. : pístin])*, quelle était alors la *kakía*, l' « ignominie » dont il se rendit coupable ? C'était, justement, d'avoir « fait périr ses amis » *(toùs phílous)*, ce qui est une abomination, quel qu'en soit le contexte ; voir la définition de la vertu *(aretē)* par Platon, *Ménon*, 71 e ; cf. M. W. Blundell, *Helping Friends and Harming Ennemies. A Study in Sophocles and Greek Ethics*, Cambridge, 1989.

μενος, αὐτὸς ἐπαγγειλάμενος σώσειν τὴν πόλιν αὐτὸς ἀπώλεσε, φάσκων πρᾶγμα ηὑρηκέναι μέγα καὶ πολλοῦ ἄξιον. Ὑπέσχετο δὲ εἰρήνην ποιήσειν μήτε ὅμηρα δοὺς μήτε τὰ τείχη καθελὼν μήτε τὰς ναῦς παραδούς· ταῦτα δὲ εἰπεῖν μὲν οὐδενὶ ἠθέλησεν, ἐκέλευσε δὲ αὐτῷ πιστεύειν.
69 Ὑμεῖς δέ, ὦ ἄνδρες Ἀθηναῖοι, πραττούσης μὲν τῆς ἐν Ἀρείῳ πάγῳ βουλῆς σωτήρια, ἀντιλεγόντων δὲ πολλῶν Θηραμένει, εἰδότες δὲ ὅτι οἱ μὲν ἄλλοι ἄνθρωποι τῶν πολεμίων ἕνεκα τἀπόρρητα ποιοῦνται, ἐκεῖνος δ' ἐν τοῖς

88. Il s'agit de la confiance que le peuple eut le tort d'accorder à Théramène entre la chute des Quatre Cents et le coup d'État des Trente (410-404, avec néanmoins un échec électoral en 405 ; voir Lysias, *Contre Agoratos*, 10). Cette confiance devient de l'aveuglement lorsque les Athéniens donnent à Théramène un blanc-seing pour négocier la paix avec les Spartiates (pendant le siège de 405/404 et l'été 404 ; voir *supra*, n. 81). Dans ce contexte, il peut paraître étonnant que Lysias ne mentionne pas le rôle pour le moins ambigu qu'il a joué en 406, dans l'affaire des Arginuses (voir *supra*, Notes complémentaires, pp. 77-78). C'est sans doute que de nombreux membres du jury devaient se sentir responsables de l'erreur judiciaire de 406 et de l'exécution des stratèges. C'est peut-être aussi que Thrasybule, chargé lui aussi de recueillir les naufragés aux Arginuses en tant que triérarque (Xénophon, *Hell.*, I, 6, 35), était devenu, après 403, l'intouchable héros de la démocratie restaurée.

89. Ironie grinçante, portée par le syntagme « une chose énorme » *(prâgma … méga)*, dont on imagine sans difficulté le potentiel comique ; cf. Aristophane, *Paix* v. 403 ; *Oiseaux*, vv. 320-321 ; *Lysistrata*, vv. 23-25. C'est la deuxième fois que Lysias préfère l'ironie pour parler de cette affaire (cf. § 63 et n. 80). Le volet secret de cette mission, ce dont Théramène refusa de parler devant l'assemblée démocratique, consistait peut-être à planifier, en concertation avec Lysandre, un nouveau régime oligarchique, plus ou moins « modéré », qui constituerait pour les Spartiates une garantie de non-agression et se substituerait à la garantie que leur donnait la neutralisation de la défense d'Athènes. En effet, d'après Xénophon, *Hell.*, II, 2, 16, Théramène se proposa de sonder Lysandre pour savoir pourquoi il voulait la destruction des Longs Murs : « si c'était pour asservir Athènes, ou seulement pour avoir une garantie *(písteōs héneka)* ». Après avoir traîné pendant trois mois (voir *supra*, § 63 et n. 81), il exigea

et élevé au premier rang, c'est lui qui prit l'engagement de sauver la cité, et c'est lui aussi qui causa sa perte [88]. À l'entendre, il avait trouvé une solution excellente, et d'un prix inestimable : il se faisait fort d'obtenir la paix sans donner d'otages, sans raser les remparts, sans livrer les vaisseaux. Mais c'était un secret qu'il ne voulait confier à personne : on n'avait qu'à s'en remettre à lui [89]. **69** Et vous, Athéniens, vous voyiez l'Aréopage travailler à votre salut [90] et un grand nombre d'orateurs combattre Théramène, vous saviez qu'à l'encontre des autres hommes, qui n'ont de secret qu'avec les ennemis, il réservait à l'ennemi les secrets qu'il n'avait pas voulu révéler au milieu de ses

d'être nommé négociateur plénipotentiaire et d'être envoyé à Sparte pour conclure la paix. Mais, malgré les pleins pouvoirs dont il était investi, Théramène n'obtint aucun résultat. En effet, après un temps d'hésitation, les exigences spartiates restèrent inchangées sur les points qu'il était censé négocier ; voir P. KRENTZ, *op. cit.*, 1982, pp. 40-43.

90. On ne sait pas exactement dans quelles circonstances s'est déroulée cette délibération, mais Lysias ne dit pas qu'elle portait sur la proposition de Théramène. L'Aréopage, tribunal qui tient son nom du Rocher d'Arès, au pied de l'Acropole – à l'origine, le toponyme signifiait « rocher solide » –, était, jusqu'à la réforme de Solon (594 av. J.-C.), un tribunal pénal s'occupant d'affaires de meurtre et, peut-être, une instance de délibération politique (une sorte de Conseil). Ensuite, Solon lui attribua des prérogatives de cour constitutionnelle composée d'anciens archontes. Son rôle politique ne s'est probablement pas affirmé avant 479, et s'est de nouveau effacé après 461, à cause de la réforme d'Éphialte, qui rendit ce Conseil incompatible avec la souveraineté populaire et la démocratie. L'Aréopage ne reprend de l'importance politique qu'au milieu du IVe siècle et, peut-être, pendant les deux brèves périodes d'anomalie politique que sont le gouvernement des Quatre Cents (quatre mois, en 411) et celui des Trente (huit mois, en 404/403). L'interprétation historique de ce passage pose problème, car l'ambassade de Théramène est censée se dérouler sous la démocratie restaurée d'après 411 et non sous un régime autoritaire tel que le laisse imaginer la présence de cet Aréopage délibérant. Faudrait-il y voir plutôt une démocratie « modérée », c'est-à-dire, déjà, sous surveillance ? Voir R. W. WALLACE, *The Areopagos Council, to 307 B.C.*, Baltimore, 1989.

αὑτοῦ πολίταις οὐκ ἠθέλησεν εἰπεῖν ταῦθ' ἃ πρὸς τοὺς πολεμίους ἔμελλεν ἐρεῖν, ὅμως ἐπετρέψατε αὐτῷ πατρίδα καὶ παῖδας καὶ γυναῖκας καὶ ὑμᾶς αὐτούς. 70 Ὁ δὲ ὧν μὲν ὑπέσχετο οὐδὲν ἔπραξεν, οὕτως δὲ ἐνετεθύμητο ὡς χρὴ μικρὰν καὶ ἀσθενῆ γενέσθαι τὴν πόλιν, ὥστε περὶ ὧν οὐδεὶς πώποτε οὔτε τῶν πολεμίων ἐμνήσθη οὔτε τῶν πολιτῶν ἤλπισε, ταῦθ' ὑμᾶς ἔπεισε πρᾶξαι, οὐχ ὑπὸ Λακεδαιμονίων ἀναγκαζόμενος, ἀλλ' αὐτὸς ἐκείνοις ἐπαγγελλόμενος, τοῦ τε Πειραιῶς τὰ τείχη περιελεῖν καὶ τὴν ὑπάρχουσαν πολιτείαν καταλῦσαι, εὖ εἰδὼς ὅτι, εἰ μὴ πασῶν τῶν ἐλπίδων ἀποστερηθήσεσθε, ταχεῖαν παρ' αὐτοῦ τὴν τιμωρίαν κομιεῖσθε. 71 Καὶ τὸ τελευταῖον, ὦ ἄνδρες δικασταί, οὐ πρότερον εἴασε τὴν ἐκκλησίαν γενέσθαι, ἕως ὁ λεγόμενος ὑπ' ἐκείνου καιρὸς ἐπιμελῶς ὑπ' αὐτοῦ ἐτηρήθη, καὶ μετεπέμψατο μὲν τὰς μετὰ Λυσάνδρου ναῦς ἐκ Σάμου, ἐπεδήμησε δὲ τὸ τῶν πολεμίων στρατόπεδον. 72 Τότε δὲ τούτων ὑπαρχόντων, καὶ παρόντος Λυσάνδρου καὶ Φιλοχάρους καὶ Μιλτιάδου, περὶ τῆς πολιτείας τὴν ἐκκλησίαν ἐποίουν, ἵνα μήτε ῥήτωρ αὐτοῖς μηδεὶς ἐναντιοῖτο μηδὲ διαπειλοῖτο ὑμεῖς τε μὴ τὰ τῇ πόλει συμφέροντα ἕλοισθε, ἀλλὰ τἀκείνοις δοκοῦντα ψηφίσαισθε. 73 Ἀναστὰς δὲ Θηραμένης ἐκέλευσεν ὑμᾶς τριάκοντα ἀνδράσιν ἐπιτρέψαι τὴν πόλιν καὶ τῇ πολιτείᾳ χρῆσθαι ἣν Δρακοντίδης ἀπέφαινεν. Ὑμεῖς δ' ὅμως καὶ οὕτως

91. Chiasme elliptique : dans l'ordre du texte, « les gens normaux ont des secrets pour leurs ennemis [sous-entendu : ils les révèlent tout de même à leurs amis]. Théramène, lui, n'a pas voulu révéler à ses concitoyens ce qu'il allait dire aux ennemis ».

92. Cf. LYSIAS, *Contre Agoratos*, 8. Les Spartiates exigeaient la destruction de chacun des Longs Murs sur dix stades (environ 1770 mètres).

93. Cf. XÉNOPHON, *Hell.*, II, 2, 23. Il est tout à fait possible, en effet, que le coup d'État ait été l'idée des oligarques athéniens.

94. Voir Notes complémentaires, pp. 84-85.

95. Inconnus par ailleurs, ces deux hommes portent des noms qui semblent être athéniens [COSATTINI, *ad loc.*], mais ils étaient probablement des Spartiates ; voir P. KRENTZ, *op. cit.*, p. 48, n. 20.

propres concitoyens [91] : et vous ne lui avez pas moins confié le sort de la patrie, de vos enfants, de vos femmes et de vous-mêmes. **70** Au reste, il ne réalisa aucune de ses promesses. Il était si bien persuadé qu'il fallait abaisser et affaiblir la cité, qu'il vous fit accepter des conditions dont aucun des ennemis n'avait jamais parlé [92], et auxquelles pas un citoyen ne s'était attendu ; et elles ne lui étaient pas imposées par les Lacédémoniens, c'est lui qui les leur proposait : c'était la destruction des murs du Pirée et l'abolition du régime politique en vigueur [93]. Il savait bien que, s'il ne vous enlevait pas toute espérance, vous ne tarderiez pas à régler vos comptes avec lui. **71** Enfin, avant de laisser l'assemblée se réunir, il eut soin de guetter le moment opportun, comme il disait, de faire venir de Samos les vaisseaux de Lysandre, et d'attendre que l'armée ennemie fût là [94]. **72** C'est alors, une fois ces mesures prises, et en présence de Lysandre, de Philocharès et de Miltiade [95], que l'assemblée fut réunie pour délibérer sur la constitution : ainsi, aucun orateur ne pourrait faire de l'opposition [96], ni proférer des menaces ; quant à vous, au lieu de vous décider d'après l'intérêt public, vous voteriez selon le bon plaisir de vos ennemis. **73** Théramène se lève ; il vous invite à remettre la cité aux mains de trente citoyens et à adopter le projet de constitution exposé par Dracontidès [97]. Malgré la difficulté de votre situation, vous

96. Il y eut pourtant une certaine opposition : voir *infra*, § 73, et ARISTOTE, *Const. d'Athènes*, 34, 3 [CAMPAGNA, *ad loc.*] ; cf. LYSIAS, *Contre Agoratos*, 17-18.

97. Dracontidès, anthroponyme dérivé de celui de Dracon, un législateur quasiment mythique d'Athènes, était un nom parfaitement adapté à la personne d'un législateur. Dracontidès était originaire du dème d'Aphidna. Il fut lui aussi membre des Trente. Voir P. KRENTZ, *op. cit.* , pp. 49-53.

διακείμενοι ἐθορυβεῖτε ὡς οὐ ποιήσοντες ταῦτα· ἐγιγνώσκετε γὰρ ὅτι περὶ δουλείας καὶ ἐλευθερίας ἐν ἐκείνῃ τῇ ἡμέρᾳ ἠκκλησιάζετε. 74 Θηραμένης δέ, ὦ ἄνδρες δικασταί, (καὶ τούτων ὑμᾶς αὐτοὺς | μάρτυρας παρέξομαι) εἶπεν ὅτι οὐδὲν αὐτῷ μέλοι τοῦ ὑμετέρου θορύβου, ἐπειδὴ πολλοὺς μὲν Ἀθηναίων εἰδείη τοὺς τὰ ὅμοια πράττοντας αὐτῷ, δοκοῦντα δὲ Λυσάνδρῳ καὶ Λακεδαιμονίοις λέγοι. Μετ' ἐκεῖνον δὲ Λύσανδρος ἀναστὰς ἄλλα τε πολλὰ εἶπε καὶ ὅτι παρασπόνδους ὑμᾶς ἔχοι, καὶ ὅτι οὐ περὶ πολιτείας ὑμῖν ἔσται ἀλλὰ περὶ σωτηρίας, εἰ μὴ ποιήσεθ' ἃ Θηραμένης κελεύει. 75 Τῶν δ' ἐν τῇ ἐκκλησίᾳ ὅσοι ἄνδρες ἀγαθοὶ ἦσαν, γνόντες τὴν παρασκευὴν καὶ τὴν ἀνάγκην, οἱ μὲν αὐτοῦ μένοντες ἡσυχίαν ἦγον, οἱ δὲ ᾤχοντο ἀπιόντες, τοῦτο γοῦν σφίσιν αὐτοῖς συνειδότες, ὅτι οὐδὲν κακὸν τῇ πόλει ἐψηφίσαντο· ὀλίγοι δέ τινες καὶ πονηροὶ καὶ κακῶς βουλευόμενοι τὰ προσταχθέντα ἐχειροτόνησαν. 76 Παρηγγέλλετο γὰρ αὐτοῖς δέκα μὲν οὓς Θηραμένης ἀπέδειξε χειροτονῆσαι, δέκα δὲ οὓς οἱ καθεστηκότες ἔφοροι κελεύοιεν, δέκα ⟨δ'⟩ ἐκ τῶν παρόντων· οὕτω γὰρ τὴν ὑμετέραν ἀσθένειαν ἑώρων καὶ τὴν αὐτῶν δύναμιν ἠπίσταντο, ὥστε πρότερον ᾔδεσαν τὰ μέλλοντα ἐν τῇ ἐκκλησίᾳ πραχθήσεσθαι. 77 Ταῦτα δὲ

98. Le tapage *(thorubos)* est une expression parfaitement légitime de la volonté populaire (voir *supra*, n. 43), permettant à ceux qui n'avaient pas les moyens intellectuels d'intervenir aux débats de s'exprimer. Normalement, les différents orateurs, mais aussi les jurés qui formaient les tribunaux, tenaient compte de cette expression de l'opinion publique ; l'attitude de Théramène est méprisante et s'explique uniquement par le fait qu'il se sentait protégé par les oligarques et les Spartiates.

99. Le chantage, devenu sans doute un *topos* de la rhétorique anti-démocratique, se retrouve chez Thucydide, VIII, 53, 3 : « Aujourd'hui, c'est du salut *(sōtēría)* de la cité plutôt que de notre constitution *(politeía)* qu'il s'agit » ; c'est la conclusion de l'« interrogatoire » individuel auquel l'oligarque Pisandre soumet chacun de ses contradicteurs devant

déclarez, au milieu du tapage, que vous n'en ferez rien. Vous compreniez, en effet, que c'était votre esclavage ou votre liberté qui, ce jour-là, était en délibération. **74** Alors Théramène, juges (j'en appelle à votre témoignage), déclara qu'il se moquait de votre tapage[98]: il savait, disait-il, qu'il avait avec lui beaucoup d'Athéniens et qu'il parlait selon les vues des Lacédémoniens et de Lysandre. Après lui, Lysandre se leva pour vous dire, avec beaucoup d'autres choses, qu'il vous tenait pour coupables d'infraction au traité, et qu'il ne s'agirait plus de la constitution, mais de votre salut, si vous n'obéissiez pas à Théramène [99]. **75** Tous les bons citoyens présents dans l'assemblée, comprenant la manœuvre et sentant leur impuissance, ou bien restèrent en gardant une attitude passive, ou bien se retirèrent. Ils pouvaient du moins se rendre cette justice qu'ils n'avaient rien voté de néfaste pour la cité. Un petit nombre de citoyens lâches, mal intentionnés, adoptèrent à main levée les mesures qu'on leur dictait [100]. **76** Le mot d'ordre avait été donné d'élire dix citoyens désignés par Théramène, dix imposés par les éphores nouvellement établis, dix autres pris dans l'assistance. Car ils voyaient si bien votre faiblesse et connaissaient si bien leur force, qu'ils avaient prévu ce qui se passerait dans l'assemblée [101]. **77** Et ce n'est pas

l'Assemblée athénienne, à laquelle il veut faire voter le rappel d'Alcibiade, afin, prétend-il, d'obtenir l'alliance de Tissapherne (en 412/411) ; cf. ISOCRATE, *Sur la Paix*, 51. Sur le « salut public » comme slogan, voir l'astucieuse note de L. BIELER, « A Political Slogan in Ancient Athens », *AJPh*, 72, 2, 1951, pp. 181-184.

100. Contrairement à ce que pourrait laisser entendre la traduction, le fait de les avoir votées à main levée n'a rien d'anormal et n'est pas du tout souligné dans le texte grec. En effet, à l'Assemblée d'Athènes, tous les votes, sauf ceux concernant l'ostracisme, se faisaient à main levée (verbe *cheirotonō*).

101. Voir Notes complémentaires, pp. 85-86.

οὐκ ἐμοὶ δεῖ πιστεῦσαι, ἀλλὰ ἐκείνῳ· πάντα γὰρ τὰ ὑπ' ἐμοῦ εἰρημένα ἐν τῇ βουλῇ ἀπολογούμενος ἔλεγεν, ὀνειδίζων μὲν τοῖς φεύγουσιν, ὅτι δι' αὐτὸν κατέλθοιεν, οὐδὲν φροντιζόντων Λακεδαιμονίων, ὀνειδίζων δὲ τοῖς τῆς πολιτείας μετέχουσιν, ὅτι πάντων τῶν πεπραγμένων τοῖς εἰρημένοις τρόποις ὑπ' ἐμοῦ αὐτὸς αἴτιος γεγενημένος τοιούτων τυγχάνοι, πολλὰς πίστεις αὐτοῖς ἔργῳ δεδωκὼς καὶ παρ' ἐκείνων ὅρκους εἰληφώς. 78 Καὶ τοσούτων καὶ ἑτέρων κακῶν καὶ αἰσχρῶν καὶ πάλαι καὶ νεωστὶ καὶ μικρῶν καὶ μεγάλων αἰτίου γεγενημένου τολμήσουσιν αὐτοὺς φίλους ὄντας ἀποφαίνειν, οὐχ ὑπὲρ ὑμῶν ἀποθανόντος Θηραμένους ἀλλ' ὑπὲρ τῆς αὐτοῦ πονηρίας, καὶ δικαίως μὲν ἐν ὀλιγαρχίᾳ δίκην δόντος (ἤδη γὰρ αὐτὴν κατέλυε), δικαίως δ' ἂν ἐν δημοκρατίᾳ· δὶς γὰρ ὑμᾶς κατεδουλώσατο, τῶν μὲν παρόντων καταφρονῶν, τῶν δὲ

102. Il s'agit du discours de défense que Théramène prononça en 404, devant le Conseil inféodé aux Trente (Aristote, *Const. d'Athènes*, 35, 1). Les exilés sont les oligarques bannis en 410 pour leur participation au régime des Quatre Cents. Xénophon, *Hell.*, II, 35-49, nous transmet une version hypothétique de ce discours, qui ne fait aucune allusion à ce qu'en dit ici Lysias, et pour cause. En effet, il est peu probable que Théramène ait essayé de se défendre en prétendant qu'il était le seul à œuvrer pour le retour des exilés et que les Spartiates ne s'y intéressaient pas : d'une part, ce retour était une préoccupation majeure pour tous les oligarques et, d'autre part, cela faisait partie des conditions de la paix imposée par les Spartiates (voir Xénophon, *Hell.*, II, 3, 25) [Campagna, *ad loc.*]. À moins que Théramène n'ait fait allusion à son rôle auprès de Lysandre, pendant les trois mois où il était en « mission » auprès de lui (cf. *supra* § 68, n. 89, 90). Par ailleurs, à l'issue de ce simulacre de procès, Théramène fut condamné à mort et exécuté, ce qui jette tout de même un sérieux doute sur ce qu'il prétendait être son action en faveur

moi qu'il faut en croire, mais Théramène lui-même. Tout ce que je viens de dire, il le disait pour sa défense dans le Conseil, lorsqu'il se répandait en reproches contre les exilés : c'est à lui qu'ils devaient leur rappel ; les Lacédémoniens ne s'en souciaient pas du tout. Et il s'en prenait aussi à ses collègues du gouvernement : tous les résultats obtenus – je vous ai dit par quels procédés –, c'est à lui qu'ils en étaient redevables, et voilà la récompense qu'il en recevait, malgré tous les gages qu'il leur avait donnés par sa conduite, malgré les serments qui les liaient à lui [102] ! **78** Et c'est cet homme, coupable de tous ces forfaits et de beaucoup d'autres, d'infamies de toutes sortes, anciennes et récentes, petites et grandes, dont on osera se déclarer l'ami [103], ce Théramène qui a péri, non pas pour votre cause [104], mais pour ses crimes ! Justement châtié sous l'oligarchie – il travaillait déjà à la renverser [105] –, il l'eût été aussi justement pendant la démocratie ; car il a par deux fois asservi le peuple, toujours mécontent du présent

des oligarques ; en tout cas, son dévouement ne leur paraissait pas évident, c'est le moins qu'on puisse dire.

103. Le verbe et le temps utilisés *(tolmēsousi)* suggèrent que le procès servira de leçon d'histoire. En effet, si Ératosthène est condamné, personne n'osera plus venir se prévaloir, devant un tribunal, de son appartenance au clan de Théramène. Peut être son « enseignement d'horreurs » (§ 78 : *deinotátōn érgōn didáskalos*) sera-t-il ainsi oublié. Noter le polysyndète (accumulation de *kai*).

104. C'est bien la légende que Lysias cherche à détruire [CAMPAGNA, *ad loc.*].

105. En quête de symétries, Lysias se contredit dans l'incise : si Théramène travaillait au renversement de l'oligarchie, alors la démocratie ne pourrait pas se montrer sévère envers lui… On se demande si les jurés ont perçu la contradiction ou s'ils sont restés hypnotisés par le balancement.

ἀπόντων ἐπιθυμῶν, καὶ τῷ καλλίστῳ ὀνόματι χρώμενος δεινοτάτων ἔργων διδάσκαλος καταστάς.

79 Περὶ μὲν τοίνυν Θηραμένους ἱκανά μοί ἐστι τὰ κατηγορημένα· ἥκει δ' ὑμῖν ἐκεῖνος ὁ καιρός, ἐν ᾧ δεῖ συγγνώμην καὶ ἔλεον μὴ εἶναι ἐν ταῖς ὑμετέραις γνώμαις, ἀλλὰ παρὰ Ἐρατοσθένους καὶ τῶν τούτου συναρχόντων δίκην λαβεῖν, μηδὲ μαχομένους ⟨μὲν⟩ κρείττους εἶναι τῶν πολεμίων, ψηφιζομένους δὲ ἥττους τῶν ἐχθρῶν.
80 Μηδ' ὧν φασι μέλλειν πράξειν πλείω χάριν αὐτοῖς ἴστε, ἢ ὧν ἐποίησαν ὀργίζεσθε· μηδ' ἀποῦσι μὲν τοῖς τριάκοντα ἐπιβουλεύετε, παρόντας δ' ἀφῆτε· μηδὲ τῆς τύχης, ἣ τούτους παρέδωκε τῇ πόλει, κάκιον ὑμῖν αὐτοῖς βοηθήσητε.

81 Κατηγόρηται δὲ Ἐρατοσθένους καὶ τῶν τούτου φίλων, οἷς τὰς ἀπολογίας ἀνοίσει καὶ μεθ' ὧν αὐτῷ ταῦτα πέπρακται. Ὁ μέντοι ἀγὼν οὐκ ἐξ ἴσου τῇ πόλει καὶ Ἐρατοσθένει· οὗτος μὲν γὰρ κατήγορος καὶ δικαστὴς αὐτὸς ἦν τῶν κρινομένων, ἡμεῖς δὲ νυνὶ εἰς κατηγορίαν καὶ ἀπολογίαν καθέσταμεν. 82 Καὶ οὗτοι μὲν τοὺς οὐδὲν ἀδικοῦντας ἀκρίτους ἀπέκτειναν, ὑμεῖς δὲ τοὺς ἀπο-

106. Théramène a « asservi » le peuple en tant que membre des Quatre Cents, en 411, et en tant que membre des Trente, en 404. Noter les deux antithèses *(en oligarchíai* vs *en dēmokratíai*, *tōn parontōn* vs *tōn apóntōn)*, portées par deux balancements *(mèn… dé)*. Le premier balancement met sur le même plan le châtiment bien réel que l'oligarchie infligea à Théramène, et un châtiment qui relève de l'irréel du passé et que lui aurait infligé la démocratie (s'il avait survécu au premier, bien entendu). Or, le syntagme participial « châtié » *(díkēn dóntos)* étant en facteur commun, seule la particule *an* (« le cas échéant ») montre que, dans le second membre du balancement, il s'agit de pure fiction. Et l'auditeur à qui cette particule aurait échappé de penser que Théramène

et rêvant d'autre chose [106], et décorant du plus beau nom les crimes abominables dont il donnait l'exemple.

79 J'en ai dit assez sur Théramène. Le moment est venu où il ne doit y avoir dans vos cœurs, ni pardon ni pitié, où vous devez châtier Ératosthène et ses collègues [107] : pendant que vous triomphez dans les combats des ennemis de la cité, n'allez pas, par votre vote, donner la victoire à vos ennemis [108] ; **80** n'allez pas, pour les services qu'ils vous promettent, leur témoigner plus de reconnaissance que vous ne leur témoignez de colère pour leurs actes réels. Loin des Trente, vous conspirez leur perte : n'allez pas les lâcher quand ils sont là ; et puisque le sort vous les a livrés, ne soyez pas moins zélés que lui pour votre défense.

81 J'ai accusé Ératosthène et les amis qu'il invoquera pour sa défense et qui furent ses complices. Aussi bien, la partie n'est pas égale entre la cité et Ératosthène : il était, lui, à la fois l'accusateur et le juge des citoyens mis en jugement. Le débat que nous instituons ici, nous, admet l'accusation et la défense [109]. **82** Eux, faisaient périr des innocents sans les juger : vous vous croyez obligés, vous,

fut condamné, non seulement par ses complices oligarques, mais aussi par un tribunal démocratique.

107. Comme il le fait depuis les premiers mots de l'exorde (voir n. 1), Lysias inclut systématiquement Ératosthène dans le groupe indistinct des Trente.

108. Isocolon rendu particulièrement efficace par l'utilisation de deux mots différents *(polemíōn … echthrōn)* pour désigner les survivants des Trente, à la fois ennemis sur le champ de bataille (durant la guerre civile) et adversaires du rétablissement de la liberté [CAMPAGNA, *ad loc.*]. Cf. § 20, n. 27.

109. Sous les Trente, juge et partie se confondent dans le non-droit et ne se distinguent de nouveau qu'après le rétablissement de la légalité.

λέσαντας τὴν πόλιν κατὰ τὸν νόμον ἀξιοῦτε κρίνειν, παρ' ὧν οὐδ' ἂν παρανόμως βουλόμενοι δίκην λαμβάνειν ἀξίαν τῶν ἀδικημάτων ὧν τὴν πόλιν ἠδικήκασι λάβοιτε. Τί γὰρ ἂν παθόντες δίκην τὴν ἀξίαν εἴησαν τῶν ἔργων δεδωκότες ; **83** πότερον, εἰ αὐτοὺς ἀποκτείναιτε καὶ τοὺς παῖδας αὐτῶν, ἱκανὴν ἂν τοῦ φόνου δίκην λάβοιμεν ὧν οὗτοι πατέρας καὶ ὑεῖς καὶ ἀδελφοὺς ἀκρίτους ἀπέκτειναν ; ἀλλὰ γὰρ εἰ τὰ χρήματα τὰ φανερὰ δημεύσαιτε, καλῶς ἂν ἔχοι ἢ τῇ πόλει, ἧς οὗτοι πολλὰ εἰλήφασιν, ἢ τοῖς ἰδιώταις, ὧν ⟨τὰς⟩ οἰκίας ἐξεπόρθησαν ; **84** Ἐπειδὴ τοίνυν πάντα ποιοῦντες δίκην παρ' αὐτῶν ⟨τὴν ἀξίαν⟩ οὐκ ἂν δύναισθε λαβεῖν, πῶς οὐκ αἰσχρὸν ὑμῖν καὶ ἥντινοῦν ἀπολιπεῖν, ἥντινά τις βούλοιτο παρὰ τούτων | λαμβάνειν ;

Πᾶν δ' ἄν μοι δοκεῖ τολμῆσαι, ὅστις νυνὶ οὐχ ἑτέρων ὄντων τῶν δικαστῶν ἀλλ' αὐτῶν τῶν κακῶς πεπονθότων, ἥκει ἀπολογησόμενος πρὸς αὐτοὺς τοὺς μάρτυρας τῆς

110. Entre les §§ 81 et 82, système symétrique de deux balancements connexes qui portent deux glissements parallèles : de nouveau le glissement du cas particulier d'Ératosthène (*hoûtos mén*, § 81) vers la généralité des Trente (*hoûtoi mén*, § 82), auquel s'ajoute un glissement du « nous » désignant à la fois Lysias et les juges (*hēmeîs dé*, § 81) au « vous » désignant les juges en tant que représentants de la cité tout entière (*humeîs dé*, § 82). En se mettant sur le même plan que les juges, l'orateur insinue que ses griefs à l'encontre d'Ératosthène sont identiques à ceux des juges voire de la cité tout entière à l'encontre des Trente. Ainsi, les poursuites que Lysias a engagées contre l'accusé se détachent de la sphère privée et paraissent motivées par l'intérêt commun, conformément à la stratégie argumentative de l'ensemble du discours.

111. L'impossibilité de trouver une peine à la mesure de leurs crimes avait déjà été évoquée, à peu près dans les mêmes termes, au § 36 ; cf. n. 48. Noter la reprise de l'artifice des §§ 81-82 (voir note précédente) dans l'anacoluthe *apokteínaite – láboimen* (littéralement : « même si *vous* les faisiez périr, eux-mêmes et leurs enfants, tirerions-*nous* pour

de juger [110], dans les formes légales, des hommes qui ont causé la perte de la cité et dont le châtiment, fût-il même illégal, ne saurait être une réparation suffisante du mal qu'ils ont fait à leur pays. Par quelle punition, en effet, pourront-ils expier leurs actes ? **83** Leur mort et la mort de leurs enfants suffirait-elle à venger les nôtres, pères, fils et frères, qu'ils ont fait périr sans jugement [111] ? ou bien la confiscation de leur fortune apparente [112] dédommagerait-elle l'État qu'ils ont tant volé et les particuliers dont ils ont pillé les maisons ? **84** Puisque la peine que vous leur infligerez sera, quoi que vous fassiez, insuffisante, ne serait-ce pas une insigne faiblesse de votre part de refuser toute vengeance qu'on peut vouloir tirer d'eux ?

Je crois cet homme capable de tout, quand je le vois aujourd'hui venir présenter sa défense à des juges qui ne sont autres que ses propres victimes, et auprès des témoins

autant une vengeance satisfaisante, *nous*, dont ils ont fait périr pères, fils et frères sans jugement ? » L'antécédent du relatif *hōn* est le sujet sous-entendu (nous) du verbe *àn láboimen* ; le relatif est un génitif possessif, complément des noms *patéras*... etc.). Pour une hyperbole comparable, voir LYSIAS, *Contre Épicratès*, 8.

112. « On distinguait, dans le droit athénien, les biens apparents *(ousía phanerá)*, terres, maisons, mobilier, et les biens non apparents *(ousía aphanēs)*, argent comptant et créances » [BIZOS, *ad loc.*]. Cette confiscation, qui est ici envisagée comme une éventualité, a été décidée par les Athéniens avec une célérité remarquable, quand, en 402/401, des magistrats furent désignés pour faire l'inventaire des biens des protagonistes du régime et les mettre en vente. L'un des trois fragments épigraphiques retrouvés en 1970 dans l'agora d'Athènes a permis de reconstituer une partie importante de cet inventaire et de le dater avec précision : voir M. WALBANK, « The Confiscation and Sale by the Poletai in 402/1 B.C. of the Property of the Thirty Tyrants », *Hesperia* 51, 1982, pp. 74-98. Cf. *supra*, n. 47.

τούτου πονηρίας· τοσοῦτον ἢ ὑμῶν καταπεφρόνηκεν ἢ ἑτέροις πεπίστευκεν. 85 Ὧν ἀμφοτέρων ἄξιον ἐπιμεληθῆναι, ἐνθυμουμένους ὅτι οὔτ' ἂν ἐκεῖνα ἐδύναντο ποιεῖν μὴ ἑτέρων συμπραττόντων οὔτ' ἂν νῦν ἐπεχείρησαν ἐλθεῖν μὴ ὑπὸ τῶν αὐτῶν οἰόμενοι σωθήσεσθαι, οἳ οὐ τούτοις ἥκουσι βοηθήσοντες, ἀλλὰ ἡγούμενοι πολλὴν ἄδειαν σφίσιν ἔσεσθαι τῶν ⟨τε⟩ πεπραγμένων καὶ τοῦ λοιποῦ ποιεῖν ὅ τι ἂν βούλωνται, εἰ τοὺς μεγίστων κακῶν αἰτίους λαβόντες ἀφήσετε. 86 Ἀλλὰ καὶ τῶν συνερούντων αὐτοῖς ἄξιον θαυμάζειν, πότερον ὡς καλοὶ κἀγαθοὶ αἰτήσονται, τὴν αὐτῶν ἀρετὴν πλείονος ἀξίαν ἀποφαίνοντες τῆς ⟨τούτων⟩ πονηρίας· ἐβουλόμην μέντ' ἂν αὐτοὺς οὕτω προθύμους εἶναι σῴζειν τὴν πόλιν ὥσπερ οὗτοι ἀπολλύναι· ἢ ὡς δεινοὶ λέγειν ἀπολογήσονται καὶ τὰ τούτων ἔργα πολλοῦ ἄξια ἀποφανοῦσιν; ἀλλ' οὐχ ὑπὲρ ὑμῶν οὐδεὶς αὐτῶν οὐδὲ τὰ δίκαια πώποτε ἐπεχείρησεν εἰπεῖν.

87 Ἀλλὰ τοὺς μάρτυρας ἄξιον ἰδεῖν, οἳ τούτοις μαρτυροῦντες αὐτῶν κατηγοροῦσι, σφόδρα ἐπιλήσμονας καὶ εὐήθεις νομίζοντες ὑμᾶς εἶναι, εἰ διὰ μὲν τοῦ ὑμετέρου πλήθους ἀδεῶς ἡγοῦνται τοὺς τριάκοντα σώσειν, διὰ δὲ Ἐρατοσθένην καὶ τοὺς συνάρχοντας αὐτοῦ δεινὸν ἦν καὶ τῶν τεθνεώτων ἐπ' ἐκφορὰν ἐλθεῖν. 88 Καίτοι οὗτοι μὲν

113. Ératosthène est source d'anomalie sous la démocratie comme il l'était sous les Trente : à l'époque, on confondait accusateur *(katēgoros)* et juge *(dikastēs)* ; maintenant, à cause de lui, on ne peut plus faire la différence entre juges *(dikastōn)*, victimes *(kakōs peponthótōn)* et témoins *(márturas)* ; cf. *supra*, § 81, n. 109.

114. Lysias considère, à ce stade, qu'il a réussi son pari de présenter Ératosthène comme un affreux criminel et de détruire sa réputation de modération. Aussi fait-il semblant de s'étonner de l'audace de son adversaire, qui ose se défendre dans l'arène judiciaire (plutôt que de fuir avec ses complices à Éleusis). Et l'orateur d'expliquer cette audace comme de l'assurance due à quelque conjuration semblable à celle des Trente, les conjurés étant en l'occurrence les témoins de défense d'Ératosthène.

de sa scélératesse [113]. Faut-il qu'il vous méprise, ou qu'il ait confiance en ses amis ! **85** Mais, dans les deux cas, prenez garde : songez que les Trente n'auraient pu faire ce qu'ils ont fait s'ils n'avaient eu des complices, et, qu'aujourd'hui, ils n'auraient pas eu l'idée de paraître ici, s'ils n'avaient compté sur les mêmes secours. À vrai dire, leurs partisans ne viennent pas en simples défenseurs : ils se promettent une pleine impunité pour le passé et une pleine liberté d'action pour l'avenir, s'ils vous voient relâcher, quand vous les tenez, les auteurs responsables des plus grands maux [114]. **86** Mais leur intervention même a de quoi étonner. Est-ce au nom de leur patriotisme qu'ils intercèderont, et vont-ils déclarer que leur propre mérite doit racheter largement les crimes des coupables ? Si seulement ils étaient aussi zélés pour le salut de l'État que les autres l'ont été pour sa perte ! Ou bien, forts de leur éloquence [115], prétendent-ils justifier, et présenter sous un beau jour les actes des accusés ? Mais, lors même qu'il s'agissait de la défense de vos droits, qui d'entre eux a jamais songé à prendre la parole ?

87 Il fait beau voir les témoins qui, déposant en faveur des accusés, s'accusent eux-mêmes. Ils vous croient bien oublieux et vous prennent pour des imbéciles s'ils s'imaginent, avec l'appui du peuple [116], pouvoir sans péril sauver les Trente, alors que, sous Ératosthène et ses collègues, il était dangereux d'aller seulement aux funérailles des morts [117]. **88** De tels hommes, si on les sauve,

115. Cf. *supra*, § 3 et n. 5. Dans ce paragraphe, sont discréditées par avance les interventions, en faveur de l'accusé, d'éventuels orateurs professionnels (des *suneroûntes*).

116. L'identification des juges au peuple se poursuit. Noter, ici, le syntagme *dia toû humetérou plēthous*, « avec l'appui de *votre* peuple », c'est-à-dire « de *vous*, le peuple » (cf. Notes complémentaires, pp. 85-86).

117. Rappel discret de la narration initiale, portant sur les circonstances de l'enterrement de Polémarque (voir §§ 17-19 et Notes complémentaires, pp. 73-74).

σωθέντες πάλιν ἂν δύναιντο τὴν πόλιν ἀπολέσαι· ἐκεῖνοι δὲ οὓς οὗτοι ἀπώλεσαν, τελευτήσαντες τὸν βίον πέρας ἔχουσι τῆς παρὰ τῶν ἐχθρῶν τιμωρίας. Οὐκ οὖν δεινὸν εἰ τῶν μὲν ἀδίκως τεθνεώτων οἱ φίλοι συναπώλλυντο, αὐτοῖς δὲ τοῖς τὴν πόλιν ἀπολέσασιν — ἦ που ⟨ἐπ'⟩ ἐκφορὰν πολλοὶ ἥξουσιν, ὁπότε βοηθεῖν τοσοῦτοι παρασκευάζονται; 89 Καὶ μὲν δὴ πολλῷ ῥᾷον ἡγοῦμαι εἶναι ὑπὲρ ὧν ὑμεῖς ἐπάσχετε ἀντειπεῖν ἢ ὑπὲρ ὧν οὗτοι πεποιήκασιν ἀπολογήσασθαι. Καίτοι λέγουσιν ὡς Ἐρατοσθένει ἐλάχιστα τῶν τριάκοντα κακὰ εἴργασται, καὶ διὰ τοῦτο αὐτὸν ἀξιοῦσι σωθῆναι· ὅτι δὲ τῶν ἄλλων Ἑλλήνων πλεῖστα εἰς ὑμᾶς ἐξημάρτηκεν, οὐκ οἴονται χρῆναι αὐτὸν ἀπολέσθαι; 90 Ὑμεῖς δὲ δείξατε ἥντινα γνώμην ἔχετε περὶ τῶν πραγμάτων. Εἰ μὲν γὰρ τούτου καταψηφιεῖσθε, δῆλοι ἔσεσθε ὡς ὀργιζόμενοι τοῖς πεπραγμένοις· εἰ δὲ ἀποψηφιεῖσθε, ὀφθήσεσθε τῶν αὐτῶν ἔργων ἐπιθυμηταὶ τούτοις ὄντες, καὶ οὐχ ἕξετε λέγειν ὅτι τὰ ὑπὸ τῶν τριάκοντα προσταχθέντα ἐποιεῖτε· 91 νυνὶ μὲν γὰρ οὐδεὶς ὑμᾶς ἀναγκάζει παρὰ τὴν ὑμετέραν γνώμην ψηφίζεσθαι. Ὥστε συμβουλεύω μὴ τούτων ἀποψηφισαμένους ὑμῶν αὐτῶν

118. « Je n'ai fait que ce qui m'avait été ordonné de faire » *(ta prostachthénta)* est l'excuse avancée par l'accusé lors de son interrogatoire (§ 25), mais que Lysias ne veut reconnaître ni à Ératosthène ni à aucun autre membre des Trente ; cf. § 28. Pour de raisons de stratégie, l'orateur se montre moins *sévère* avec ceux qui ont voté ce qui leur avait été ordonné

pourront encore perdre la cité. Au contraire, les citoyens dont ils ont causé la perte n'ont plus, maintenant qu'ils sont morts, le moyen de se venger de leurs ennemis. Eh quoi ! ne serait-ce pas là une chose révoltante ? Les amis des innocents condamnés à mort périssaient avec eux, et ces gens-là, qui ont fait périr la cité, il y aura foule à leurs funérailles, puisqu'ils trouvent tant d'amis disposés à les défendre ? **89** Au reste, il était beaucoup plus facile de faire alors de l'opposition en vous défendant, vous, leurs victimes, qu'il ne l'est maintenant de justifier leurs actes. On dit bien que, parmi eux, c'est Ératosthène qui a fait le moins de mal et on estime que c'est une raison pour l'épargner. Mais, pour vous avoir fait plus de mal que tout le reste des Grecs, pense-t-on qu'il ne mérite pas la mort ? **90** Montrez donc à tous votre opinion sur les événements passés : condamner cet homme, ce sera faire éclater votre indignation contre les actes des Trente ; l'acquitter, ce sera vous montrer les fauteurs de leur politique et vous interdire l'excuse d'avoir agi sur leur ordre [118] ; **91** car, aujourd'hui, personne ne vous oblige à voter contre votre sentiment. Croyez-moi, n'allez pas, en l'acquittant, vous

(ta prostachthénta) par Théramène lors de l'assemblée « constituante » du régime des Trente, qu'il traite certes de « minables » *(ponēroí)*, mais dont le comportement n'est que le symptôme de la « faiblesse » *(asthéneian)* du peuple ; voir § 75 et Notes complémentaires, pp. 85-86.

καταψηφίσασθαι. Μηδ' οἴεσθε κρύβδην ⟨εἶναι⟩ τὴν ψῆφον· φανερὰν γὰρ τῇ πόλει τὴν ὑμετέραν γνώμην ποιήσετε.

92 Βούλομαι δὲ ὀλίγα ἑκατέρους ἀναμνήσας καταβαίνειν, τούς τε ἐξ ἄστεως καὶ τοὺς ἐκ Πειραιῶς, ἵνα τὰς ὑμῖν διὰ τούτων γεγενημένας συμφορὰς παραδείγματα ἔχοντες τὴν ψῆφον φέρητε. Καὶ πρῶτον μέν, ὅσοι ἐξ ἄστεώς ἐστε, σκέψασθε ὅτι ὑπὸ τούτων οὕτω σφόδρα ἤρχεσθε ὥστε ἀδελφοῖς καὶ ὑέσι καὶ πολίταις ἠναγκάζεσθε πολεμεῖν τοιοῦτον πόλεμον ἐν ᾧ ἡττηθέντες μὲν τοῖς νικήσασι τὸ ἴσον ἔχετε, νικήσαντες δ' ἂν τούτοις ἐδουλεύετε. 93 Καὶ τοὺς ἰδίους οἴκους οὗτοι μὲν [ἂν] ἐκ τῶν πραγμάτων μεγάλους ἐκτήσαντο, ὑμεῖς δὲ διὰ τὸν πρὸς ἀλλήλους πόλεμον ἐλάττους ἔχετε· συνωφελεῖσθαι μὲν γὰρ ὑμᾶς οὐκ ἠξίουν, συνδιαβάλλεσθαι δ' ἠνάγκαζον, εἰς τοσοῦτον ὑπεροψίας ἐλθόντες ὥστε οὐ τῶν ἀγαθῶν κοινούμενοι πιστοὺς ὑμᾶς ἐκτῶντο, ἀλλὰ τῶν ὀνειδῶν μεταδιδόντες εὔνους ᾤοντο εἶναι. 94 Ἀνθ' ὧν ὑμεῖς νῦν, ἐν τῷ

119. Contrairement aux assemblées du peuple, où les décisions se prenaient à main levée (*cheirotonía*, cf. § 75), dans les tribunaux – qui étaient de vastes jurys populaires –, les votes étaient secrets *(krúbdēn)*. Cependant, « le vote a beau être secret, l'acquittement d'Ératosthène compromettra en bloc tous les juges ayant appartenu au parti de la ville » [Bizos, *ad loc.*]. Jusqu'ici, tout ce que Lysias cherchait à démontrer était qu'Ératosthène n'était pas différent des trente autres tyrans, et le ton consensuel du discours laissait entendre que, s'agissant d'un membre des Trente, il ne saurait y avoir de clivage parmi les jurés, comme si l'anomalie politique de 404/403 était uniquement due à l'action criminelle de trente individus, comme si les jurés, malgré leur « faiblesse » (*asthéneian*, § 75) au moment du coup d'État, y étaient unanimement opposés. Dans la péroraison, en revanche, l'orateur adopte un ton plus clivant, voire menaçant, en insinuant que le vote à l'issue de ce procès sera l'occasion, pour ceux qui n'avaient pas eu le courage de s'opposer aux *prostachthénta* en 404, de se désolidariser de ceux dont ils s'étaient rendus complices plus ou moins involontairement, en en condamnant le seul spécimen disponible : Ératosthène.

condamner vous-mêmes. Et ne vous imaginez pas que votre vote puisse rester secret ; vous allez au contraire manifester publiquement votre pensée [119].

92 Je veux, avant de descendre, rappeler quelques faits aux deux partis, celui de la ville et celui du Pirée [120] : ainsi, la leçon des malheurs que ces gens-là vous ont causés guidera votre vote. Vous tous, d'abord, citoyens de la ville, songez que leur tyrannie vous a contraints à mener contre vos frères, vos fils et vos concitoyens, une guerre qui vous laisse, après la défaite, les mêmes droits qu'aux vainqueurs, tandis que la victoire eût fait de vous leurs esclaves [121]. **93** Leur situation politique a considérablement accru leur fortune privée ; une lutte fratricide a diminué la vôtre. Ce n'est pas, en effet, au partage de leurs bénéfices qu'ils vous conviaient : ils vous faisaient partager de force leur discrédit, et ils en étaient arrivés à un tel mépris pour vous que, au lieu de s'assurer votre fidélité en vous associant à leurs avantages, c'est en vous faisant participer à leurs hontes qu'ils comptaient se concilier votre dévouement [122]. **94** Pour prix de tout cela, maintenant que vous jouissez du calme, dans votre intérêt comme dans

120. C'est la première fois que Lysias reconnaît l'existence d'un clivage entre gens de la ville et gens du Pirée au sein même du jury. Cf. §§ 54-55, où le clivage est envisagé comme étant extérieur au jury. Cf. Notes complémentaires, pp. 81-82.

121. Le paradoxe mis en avant par cet isocolon est la conséquence de la définition de la démocratie, qui inclut l'égalité entre citoyens *(to íson)*. En vertu de ce principe – et contrairement au bon sens et aux lois de la guerre –, les oligarques ne risquent pas d'être lésés pour avoir été vaincus (à l'exception des Trente, bien sûr). En revanche, si les oligarques avaient gagné, ils auraient toujours été les égaux des démocrates, mais dans la servitude. En effet, tant les uns que les autres auraient été les esclaves des Trente. Le démonstratif pluriel *toútois* était sûrement accompagné d'un geste de l'orateur désignant Ératosthène.

122. Retour sur la tactique de compromission appliquée par les Trente et évoquée à propos de l'affaire des métèques (§§ 27-29). Cf. n. 66.

θαρραλέῳ ὄντες, καθ' ὅσον δύνασθε καὶ ὑπὲρ ὑμῶν αὐτῶν καὶ ὑπὲρ τῶν ἐκ Πειραιῶς τιμωρήσασθε, | ἐνθυμηθέντες μὲν ὅτι ὑπὸ τούτων πονηροτάτων ὄντων ἤρχεσθε, ἐνθυμηθέντες δὲ ὅτι μετ' ἀνδρῶν νῦν ἀρίστων πολιτεύεσθε καὶ τοῖς πολεμίοις μάχεσθε καὶ περὶ τῆς πόλεως βουλεύεσθε, ἀναμνησθέντες δὲ τῶν ἐπικούρων οὓς οὗτοι φύλακας τῆς σφετέρας ἀρχῆς καὶ τῆς ὑμετέρας δουλείας εἰς τὴν ἀκρόπολιν κατέστησαν. **95** Καὶ πρὸς ὑμᾶς μὲν ἔτι πολλῶν ὄντων εἰπεῖν τοσαῦτα λέγω. Ὅσοι δ' ἐκ Πειραιῶς ἐστε, πρῶτον μὲν τῶν ὅπλων ἀναμνήσθητε, ὅτι πολλὰς μάχας ἐν τῇ ἀλλοτρίᾳ μαχεσάμενοι οὐχ ὑπὸ τῶν πολεμίων ἀλλ' ὑπὸ τούτων εἰρήνης οὔσης ἀφῃρέθητε τὰ ὅπλα, ἔπειθ' ὅτι ἐξεκηρύχθητε μὲν ἐκ τῆς πόλεως ἣν ὑμῖν οἱ πατέρες παρέδοσαν, φεύγοντας δὲ ὑμᾶς ἐκ τῶν πόλεων ἐξῃτοῦντο. **96** Ἀνθ' ὧν ὀργίσθητε μὲν ὥσπερ ὅτ' ἐφεύγετε, ἀναμνήσθητε δὲ καὶ τῶν ἄλλων κακῶν ἃ πεπόνθατε ὑπ' αὐτῶν, οἳ τοὺς μὲν ἐκ τῆς ἀγορᾶς τοὺς δ' ἐκ τῶν ἱερῶν συναρπάζοντες βιαίως ἀπέκτειναν, τοὺς δὲ ἀπὸ τέκνων καὶ γονέων καὶ γυναικῶν ἀφέλκοντες φονέας αὑτῶν ἠνάγκασαν γενέσθαι καὶ οὐδὲ ταφῆς τῆς νομιζομένης εἴασαν τυχεῖν, ἡγούμενοι τὴν αὑτῶν ἀρχὴν βεβαιοτέραν εἶναι τῆς παρὰ τῶν θεῶν τιμωρίας. **97** Ὅσοι δὲ τὸν θάνατον διέφυγον, πολλαχοῦ κινδυνεύσαντες καὶ εἰς πολλὰς πόλεις πλανη-

123. « Allusion aux 700 mercenaires envoyés par Sparte, avec l'harmoste Callibios, à la demande des Trente (Xénophon, *Hell.*, II, 3, 14) » [Bizos, *ad loc.*].

124. Avec l'aide des Trois Mille (les citoyens que les Trente n'avaient pas privés de leurs droits civiques), les tyrans ont confisqué les armes de tous les autres hoplites : Xénophon, *Hell.*, II, 3, 20, 41.

l'intérêt des gens du Pirée, de tout votre pouvoir punissez-les. Songez-y : sans eux, vous subissiez la tyrannie la plus exécrable ; tandis qu'aujourd'hui, songez-y également, vous administrez la cité avec les meilleurs citoyens, vous faites la guerre aux ennemis, vous délibérez sur les intérêts de l'État. Rappelez-vous aussi quels auxiliaires ils avaient installés en sentinelles sur l'Acropole, pour assurer leur domination et votre esclavage [123]. **95** J'aurais encore beaucoup de choses à vous dire, mais je m'arrête. Et vous qui êtes revenus du Pirée, rappelez-vous d'abord l'affaire des armes : après tant de combats sur la terre étrangère, ce ne sont pas les ennemis, ce sont ces gens-là, en pleine paix, qui vous les ont arrachées [124]. Rappelez-vous qu'ils vous ont bannis [125] de la cité que vos pères vous ont transmise, qu'ils réclamaient votre extradition aux villes où vous vous étiez réfugiés. **96** Aussi soyez animés contre eux de la même colère qu'au temps de votre exil : n'oubliez pas non plus les autres maux qu'ils vous ont fait souffrir, quand ils entraînaient brutalement les citoyens hors de l'agora ou des sanctuaires pour les mettre à mort, ou qu'ils les arrachaient des bras de leurs enfants, de leurs parents et de leurs femmes et les obligeaient à se tuer eux-mêmes, sans permettre même qu'on leur rendit les derniers devoirs, persuadés que leur puissance était au-dessus de la vengeance divine [126]. **97** Et vous, qui avez échappé à la mort, après mille dangers,

125. Les Trente avaient exigé le départ d'Athènes de tous les autres citoyens sauf les Trois Mille. Les fugitifs ont trouvé refuge à Thèbes, à Mégare, à Chalcis et à Argos, bien que les Spartiates aient interdit à leurs alliés de les recevoir.

126. Cf. §§ 18-19 et Notes complémentaires, pp. 73-74.

θέντες καὶ πανταχόθεν ἐκκηρυττόμενοι, ἐνδεεῖς ὄντες τῶν ἐπιτηδείων, οἱ μὲν ἐν πολεμίᾳ τῇ πατρίδι τοὺς παῖδας καταλιπόντες, οἱ δ' ἐν ξένῃ γῇ, πολλῶν ἐναντιουμένων ἤλθετε εἰς τὸν Πειραιᾶ. Πολλῶν δὲ καὶ μεγάλων κινδύνων ὑπαρξάντων ἄνδρες ἀγαθοὶ γενόμενοι τοὺς μὲν ἠλευθερώσατε, τοὺς δ' εἰς τὴν πατρίδα κατηγάγετε. **98** Εἰ δὲ ἐδυστυχήσατε καὶ τούτων ἡμάρτετε, αὐτοὶ μὲν ἂν δείσαντες ἐφεύγετε μὴ πάθητε τοιαῦτα οἷα καὶ πρότερον, καὶ οὔτ' ἂν ἱερὰ οὔτε βωμοὶ ὑμᾶς ἀδικουμένους διὰ τοὺς τούτων τρόπους ὠφέλησαν, ἃ καὶ τοῖς ἀδικοῦσι σωτήρια γίγνεται· οἱ δὲ παῖδες ὑμῶν, ὅσοι μὲν ἐνθάδε ἦσαν, ὑπὸ τούτων ἂν ὑβρίζοντο, οἱ δ' ἐπὶ ξένης μικρῶν ἂν ἕνεκα συμβολαίων ἐδούλευον ἐρημίᾳ τῶν ἐπικουρησόντων.

99 Ἀλλὰ γὰρ οὐ τὰ μέλλοντα ἔσεσθαι βούλομαι λέγειν, τὰ πραχθέντα ὑπὸ τούτων οὐ δυνάμενος εἰπεῖν. Οὐδὲ γὰρ ἑνὸς κατηγόρου οὐδὲ δυοῖν ἔργον ἐστίν, ἀλλὰ πολλῶν. Ὅμως δὲ τῆς ἐμῆς προθυμίας ⟨οὐδὲν⟩ ἐλλέλειπται, ὑπέρ ⟨τε⟩ τῶν ἱερῶν, ἃ οὗτοι τὰ μὲν ἀπέδοντο τὰ δ' εἰσιόντες ἐμίαινον, ὑπέρ τε τῆς πόλεως, ἣν μικρὰν ἐποίουν, ὑπέρ τε τῶν νεωρίων, ἃ καθεῖλον, καὶ ὑπὲρ τῶν τεθνεώτων, οἷς ὑμεῖς, ἐπειδὴ ζῶσιν ἐπαμῦναι οὐκ ἐδύνασθε, ἀποθανοῦσι

127. Oxymore : *polemíai tēi patrídi*, « dans votre patrie, alors ennemie ».

128. Solon avait interdit la servitude pour dette à Athènes, dès 594/593 av. J.-C., ce qui fut l'acte fondateur de la *polis* classique (Aristote, *Const. d'Athènes*, 12, 4). Ce n'était pas le cas ailleurs en Grèce. Lysias suggère ainsi que les Trente, qui prétendaient collationner « la législation

mille courses errantes de ville en ville, partout bannis, manquant de tout, laissant vos enfants, les uns dans une patrie devenue votre ennemie [127], les autres sur un sol étranger, vous avez pu enfin, malgré tous les obstacles, revenir au Pirée. Parmi tant de périls si redoutables, vous avez, par votre parole, affranchi les uns, et ramené les autres dans leur patrie. **98** Si la chance avait tourné contre vous, si vous aviez échoué dans votre entreprise, vous seriez repartis vous-mêmes pour l'exil, de crainte de retomber dans les mêmes malheurs que la première fois. Car, ici, avec des tyrans de cette sorte, rien ne vous eût sauvé malgré votre innocence, ni les temples, ni les autels, où les coupables mêmes trouvent un refuge. Quant à vos enfants, ceux qui étaient à Athènes auraient subi leurs outrages ; ceux qui vivaient à l'étranger auraient été réduits en servitude pour de misérables dettes, faute de quelqu'un pour les assister [128].

99 Mais je ne veux pas parler de ce qui aurait pu arriver, quand il m'est impossible de rapporter tout ce qu'ont fait les Trente. Un seul orateur, ni même deux ne pourraient suffire à la tâche : il en faudrait beaucoup. J'ai du moins employé tout mon zèle à parler pour les sanctuaires qu'ils ont vendus, ou souillés de leur présence [129], pour la cité qu'ils ont amoindrie, pour les arsenaux qu'ils ont détruits et pour les morts que vous n'avez pu secourir pendant leur vie, et dont vous devez prendre en main la cause, à

ancestrale » (*toùs patríous nómous* : XÉNOPHON, *Hell.*, II, 3, 1) et l'appliquer, se seraient révélés être des anti-Solon, si l'occasion leur avait été donnée. Noter les menaçants potentiels du passé (imparfaits avec *àn*) : *àn epheúgete*, *àn hubrízonto*, *àn edoúleuon*, soulignés par la présence d'un irréel du passé (aoriste avec *àn*) : *oút' àn … ōphélēsan*.

129. Parce qu'ils étaient souillés du sang de leurs nombreuses victimes [JEBB, *ad loc.*].

βοηθήσατε. 100 Οἶμαι δ' αὐτοὺς ἡμῶν τε ἀκροᾶσθαι καὶ ὑμᾶς εἴσεσθαι τὴν ψῆφον φέροντας, ἡγουμένους, ὅσοι μὲν ἂν τούτων ἀποψηφίσησθε, αὐτῶν θάνατον κατεψηφισμένους ἔσεσθαι, ὅσοι δ' ἂν παρὰ τούτων δίκην λάβωσιν, ὑπὲρ αὐτῶν ⟨τὰς⟩ τιμωρίας πεποιημένους.

Παύσομαι κατηγορῶν. Ἀκηκόατε, ἑωράκατε, πεπόνθατε, ἔχετε· δικάζετε.

présent qu'ils ne sont plus. **100** Il me semble qu'ils nous écoutent, et qu'ils attendent votre vote pour vous connaître : ceux qui acquitteront les coupables, pensent-ils, les auront condamnés eux-mêmes à mort ; ceux qui les puniront se feront leurs vengeurs.

Je termine ici mon accusation. Vous avez entendu, vu, souffert. Vous tenez le coupable [130] : prononcez.

130. Cette asyndète est citée par Aristote, *Rhétorique*, III, 19, 6 : « l'asyndète convient parfaitement à la chute, afin qu'elle soit bien un épilogue, non un catalogue » [Jebb, *ad loc.*]. Lysias dit seulement *échete* : « vous avez » (s.-e. : *dikázein*, « de quoi juger »).

NOTES COMPLÉMENTAIRES

23. L' « exposition » *(próthesis)* du corps est le premier des deux temps forts de la séquence funéraire grecque. Le défunt était paré de ses plus beaux habits et couché sur un lit, dans sa maison, pour que les femmes lui rendent hommage par leur thrène (*thrênos* ou lamentation rituelle) et que sa famille et ses amis lui rendent visite pour la dernière fois chez lui. Le lendemain, à l'aube, on plaçait le cadavre dans son cercueil et on l'accompagnait au cimetière en procession *(ekphorá)*. Le premier de ces deux moments a très souvent été représenté sur des vases funéraires qui forment une série iconographique ininterrompue allant de l'époque géométrique (milieu du VIIIe siècle avant notre ère) jusqu'à l'époque de la guerre du Péloponnèse (fin du Ve siècle ; voir H. A. SHAPIRO, « The Iconography of Mourning in Athenian Art », *American Journal of Archaeology*, 95, 4, 1991, pp. 629-656). Sous un régime autoritaire, les funérailles risquent de se transformer en manifestations, surtout quand le défunt est un opposant au pouvoir. Le 5 juin 1832, les funérailles du général Lamarque déclenchèrent à Paris une insurrection populaire contre la monarchie de Juillet ; plus récemment, le 20 décembre 2009, l'annonce du décès de Hossein Ali Montazeri, un ayatollah dissident, a déclenché en Iran une vague protestataire que le pouvoir en place a eu beaucoup de mal à réprimer. Comme il était

impossible d'interdire les rites funèbres en l'honneur de Polémarque (pensez à l'*Antigone* de Sophocle), les Trente se sont arrangés pour les minimiser : un hangar de location remplace la maison du défunt, qui, de surcroît, est privé de ses vêtements.

26. La chorégie *(chorēgía)* était l'une des contributions extraordinaires ou liturgies *(leitourgíai)* dont un riche habitant d'Athènes pouvait être chargé par la cité. La personne désignée pour être chorège devait financer un chœur *(chorós)* de dithyrambe ou de drame (c'est-à-dire, le chœur d'une tétralogie ou d'une comédie), en couvrant l'indemnisation des membres du chœur pendant la période des répétitions et la confection, pour le drame, des masques, costumes et autres accessoires, tant pour le chœur que pour les acteurs. Contrairement aux liturgies, qui ne touchaient que les riches, « l'*eisphora* était un impôt sur le capital touchant toutes les propriétés d'un individu, les biens-fonds bien entendu mais aussi les ateliers et les esclaves » (P. Brun, *Eisphora, syntaxis, stratiotika : recherches sur les finances militaires d'Athènes au IVe siècle av. J.-C.*, Besançon, 1983, p. 5). Ce prélèvement extraordinaire pour faire face aux dépenses de guerre retombe sur toute personne libre possédant des biens d'une valeur suffisante pour appartenir au moins à la classe des zeugites (capital ≥ 2 500 drachmes ; les Grecs ne connaissent pas l'impôt sur le revenu). Le calcul était bien sûr proportionnel (sans doute 1% du capital ; P. Brun, *op. cit.*, p. 64-73), mais n'était pas progressif (un zeugite possédant des biens de 3 000 drachmes devait payer 30 drachmes). Les métèques, comme les membres de la famille de Lysias, ne pouvaient être nommés chorèges que pour le concours des Lénéennes, non pour les Dionysies.

35. L'orateur insinue que son adversaire surévalue son opposition au moment de la planification des exactions

contre les métèques ; en effet, si Ératosthène avait eu la volonté et le courage de s'opposer avec force à ses complices sur la chasse aux métèques, il aurait trouvé moyen de ne pas se rendre, lui, responsable de l'arrestation de Polémarque. Voici le raisonnement de Lysias : « Si Ératosthène *était opposé* à la chasse aux métèques, il n'aurait pas arrêté Polémarque. Or, il a bel et bien arrêté Polémarque. Par conséquent, il *ne s'était pas opposé* au plan des Trente et, s'il ne s'y était pas opposé, c'est qu'il en était complice. » Ce raisonnement semble d'emblée fallacieux (c'est un *non sequitur*). En effet, Ératosthène pouvait ne pas être d'accord avec ces exactions, s'y être opposé au moment où la question était débattue, mais sans succès ; une fois la décision prise, il aurait été obligé, même malgré lui, d'appliquer la décision collective qu'il avait combattue (le sort de Théramène montre bien quel pouvait être le prix de la déloyauté). Les *pisteis* qui suivent, jusqu'au § 34, ont pour but d'effacer cette fâcheuse impression de sophisme dans la caractérisation d'Ératosthène. La conclusion est que l'accusé ne ment peut-être pas sur le fait – du reste invérifiable – de s'être initialement opposé aux crimes décidés par ses collègues, mais qu'il a fini par y trouver son compte (*hedoménou*, § 32), puisque, finalement, il n'a rien fait pour sauver Polémarque, bien qu'il en ait eu la possibilité.

39. C'est peut-être inadmissible d'un point de vue logique – noter qu'il s'agit là de la quatrième occurrence du participe *eikós* depuis le début du § 27 –, mais pas d'un point de vue juridique, car c'est bien cela l'esprit de l'amnistie : éviter que la vie publique ne soit envahie par l'obsession de discriminer les exécutants des décideurs. Or, les Trente eux-mêmes ne pouvaient bénéficier de l'amnistie de 403 qu'après avoir rendu des comptes, ce qu'Ératosthène

est probablement en train de faire. S'il parvenait à se faire blanchir par ce tribunal spécial, l'amnistie le couvrirait pour tout acte ordonné par les Trente, y compris les tâches que les Trente s'assignaient à eux-mêmes, à l'exception des meurtres qu'il aurait commis « de ses propres mains » (*autocheiríai* : ARISTOTE, *Const. d'Athènes*, 39, 5). À l'issue de la procédure, Ératosthène rejoindrait donc la masse indistincte des « autres Athéniens » que les Trente compromettaient en les chargeant de sales besognes, telles les perquisitions évoquées au § 30. C'est précisément ce que Lysias essaie d'éviter, et c'est pourquoi la question de l'*autocheiría* fait l'objet du glissement sémantique signalé plus haut (voir n. 36). Voici, en somme, le raisonnement « à tiroirs » qu'adopte Lysias devant les juges : « Ératosthène est vraisemblablement (*eikós*, § 27) complice du crime perpétré contre les métèques, en tant que membre des Trente. En tant que complice, il doit être condamné lors de la présente procédure de reddition de comptes, même s'il subsiste des doutes sur sa culpabilité. C'est à vous de lui faire payer ce crime (*lēpsesthe díkēn*, § 29), parce que, du reste, bien qu'il ait “tué” (*apékteinas*, §§ 26, 34) mon frère, il ne sera jamais condamné par un autre tribunal ; en effet, n'ayant pas de sang sur les mains, une fois sorti d'ici, il sera couvert par l'amnistie. » Or, en concédant *in extremis* à l'accusé la circonstance atténuante de s'être opposé à la décision criminelle initiale (*homologō*, § 34), l'orateur admet implicitement que son raisonnement est juridiquement insuffisant : en effet, lors de la reddition des comptes, Ératosthène était jugé pour la part qu'il avait prise aux décisions des Trente (notamment à celle qui orchestrait le pogrom des métèques), non pour complicité d'assassinat. Aussi, pour démontrer la culpabilité politique d'Ératosthène, Lysias doit-il aller encore plus loin, et s'attaquer à la mémoire de Théramène. Il lui faut réfuter l'idée qu'il y ait eu des modérés parmi les Trente, qui méritassent d'être dédouanés de leur participation au gouvernement criminel sous prétexte qu'ils y auraient opposé une improbable résistance. Il montrera, en effet, que l'unique preuve d'une telle résistance est la mort de Théramène lui-même, et qu'elle n'est pas suffisante.

48. Antithèse saisissante entre deux affrontements maritimes ayant opposé récemment Athéniens et Spartiates : la bataille navale des Arginuses (406, à l'est de Lesbos, près de la côte asiatique) est opposée, à travers deux structures symétriques mais déséquilibrées, à la bataille navale d'Aigos Potamos (405, dans le détroit des Dardanelles). D'un côté, un triomphe athénien, qui a pourtant coûté la vie à six généraux parmi ceux qui assuraient le commandement collégial de la flotte, exécutés pour outrage aux morts par négligence – ils n'avaient pas pu repêcher les naufragés après la bataille. Leur faute involontaire (due au mauvais temps) a été punie trop sévèrement (il faut noter cependant que, contrairement à ce que suggère ici Lysias, les victimes de cette incurie n'étaient pas seulement des cadavres, mais aussi des naufragés qui avaient survécu à la bataille : XÉNOPHON, *Hell.*, I, 7, 32). De l'autre côté de l'axe de symétrie, un désastre d'Athènes, dont les Trente s'étaient rendus directement et volontairement responsables. Ce sont eux qui, avant de s'emparer du pouvoir, auraient provoqué par leurs agissements la défaite athénienne, eux qui, pendant leur coup d'État, assassinèrent plusieurs centaines de citoyens.

Pour rétablir l'équilibre de part et d'autre de l'axe de symétrie et appliquer aux Trente la même justice qu'aux malheureux stratèges des Arginuses, il faudrait donc, d'après Lysias et si c'était juridiquement possible, que

Bataille	*Protagonistes*	*Caractérisation des protagonistes*	*Issue de la bataille*	*Action comparée*	*Victimes*	*Châtiment*
Arginuses	Stratèges élus	Artisans de la	victoire	Faute involontaire	des morts	peine capitale
Aigos Potamos	Simples particuliers, puis usurpateurs	Responsables de la	défaite	Crime prémédité	des vivants	peine capitale (requise)

leur punition soit encore plus sévère : qu'elle se prolonge sur leur descendance (cf. § 83). Mais il faut se méfier des symétries trop parfaites ; « noyée » dans la série de faits historiques que Lysias a disposés symétriquement pour former l'antithèse, se cache une position politique. En effet, le raisonnement de Lysias postule la responsabilité directe des Trente dans la défaite, alors que l'interprétation habituelle était que leur conspiration criminelle en était plutôt la conséquence (ARISTOTE, *Const. d'Athènes*, 34), même si, pour expliquer la défaite, il circulait aussi un certain nombre de rumeurs de trahison oligarchique (XÉNOPHON, *Hell.*, II, 1, 32). Noter par ailleurs que Théramène, avant de devenir membre des Trente, avait été triérarque lors de la bataille des Arginuses et avait été chargé par les stratèges – avec Thasybule et d'autres triérarques aguerris – de recueillir les naufragés (XÉNOPHON, *Hell.*, I, 7, 5) ; lors du procès, Théramène accabla ses supérieurs et contribua ainsi à leur condamnation. Aussi devient-il dans le discours de Lysias le lien « souterrain » entre ces deux événements symétriques que tout oppose : seul à pouvoir légitimement être jugé coupable de la faute qui avait entaché le triomphe des Arginuses, il n'a échappé à la condamnation que pour se rendre coupable de la série de crimes qui ont suivi le désastre d'Aigos Potamos.

66. Noter les verbes au singulier *(apēgagen … katepsēphísato)*, qui attirent l'attention sur la responsabilité individuelle d'Ératosthène dans le crime le plus odieux des Trente. « Par un seul vote » : les procès de masse, qui se terminent par un vote unique *(miâi psēphōi)*, sur la culpabilité de l'ensemble des accusés, et non par plusieurs votes individuels, sur chacun des accusés, constituent aux yeux des Athéniens une violation manifeste du droit et sont le propre d'une justice expéditive. L'assemblée

démocratique s'est rendue responsable d'une telle anomalie judiciaire quand elle a condamné les stratèges des Arginuses (XÉNOPHON, *Hell.*, I, 7, 34 ; *Mémorables*, I, 1, 18 ; ARISTOTE, *Const. d'Athènes*, 34, 1). Or, si la condamnation des stratèges était une erreur judiciaire, tant pour la qualification des faits que pour l'imputation (voir *supra*, Notes complémentaires, pp. 77-79), dans le cas des Éleusiniens, comme dans le cas du meurtre de Polémarque (voir *supra*, n. 22), il n'y avait même pas de chef d'accusation. Le but avoué du massacre était l'expropriation des victimes, parce que les Trente, qui planifiaient leur retraite en cas de défaite, voulaient ainsi s'assurer une installation confortable à Éleusis, dans un pays sans opposants, dont ils rêvaient depuis longtemps, un pays « habité seulement de moutons » (*chōran … mēlóboton*, ISOCRATE, *Plataïque*, 31). En même temps, en faisant « voter » le massacre par une instance collective (les Trois mille citoyens que les Trente n'avaient pas privés de leurs droits civiques), ils poursuivaient leur pratique qui consistait à toujours compromettre le plus grand nombre possible de citoyens. Le simulacre de procès auquel ont eu droit les Éleusiniens, et qui s'est déroulé dans l'Odéon, le lendemain de leur arrestation, est décrit par XÉNOPHON, *Hell.*, II, 4, 8-10. Cf. ANASTASSIADIS, *op. cit.*, pp. 120-125.

68. À l'issue des événements de 404/403, apparaît dans le lexique politique athénien un clivage entre, d'un côté, « les gens de la ville », c'est-à-dire les Athéniens qui étaient restés à Athènes durant la tyrannie des Trente, et qu'on identifiait désormais aux combattants oligarques de la guerre civile, et, de l'autre côté, « les gens du Pirée », à savoir les exilés démocrates qui reprirent le Pirée en décembre 404 et Athènes vers la fin juillet 403 av. J.-C. Noter l'extrême prudence de Lysias : il ne veut surtout pas

stigmatiser les membres du jury qui, faisant partie des Trois mille, auraient combattu aux côtés des oligarques. Aussi l'affrontement entre « ceux du Pirée » (les démocrates) et « ceux de la ville » (les partisans de l'oligarchie) est-il relégué au rang de simple « trouble » de l'ordre public *(tarachaí)*. La formulation est le plus incolore possible, y compris pour ce qui est du temps choisi : le plus-que-parfait *(gegenēménai êsan)* dénote une action définitivement révolue avant le moment envisagé. Or, il est bien évident que les « troubles » ne sauraient être antérieurs à l'arrivée des démocrates au Pirée ! C'est Lysias qui, avant de raconter ces événements, les présente comme appartenant au passé. En réalité, la bataille pour le contrôle de la colline qui dominait le port de Munichie (février 403) et où Thrasybule avait rassemblé ses troupes fut sanglante et se solda par la mort de Critias et par la défaite humiliante des oligarques. En même temps, le fait que les démocrates n'aient pas poursuivi les Trois mille et les aient laissés rentrer en ville n'est pas une preuve de leur désir de réconciliation, parce que, de toute façon, ils n'avaient pas suffisamment de forces pour se mesurer à eux en terrain plat. À ce titre, tant la tournure *hōs amphotérois édoxen* que la conjonction *gár* qui introduit la phrase suivante relèvent de l'image d'Épinal ; voir CAMPAGNA, *ad loc.*

70. Lysias n'admet l'existence d'une faction modérée chez les Oligarques que pour la réfuter aussitôt. Ainsi, l'idée que des personnalités qui se disaient hostiles aux Trente (dont Phidon et Ératosthène, qui en faisaient pourtant partie) se montreraient automatiquement favorables aux démocrates sembla « justifiée » dans un premier temps *(hēgoúmenoi dikaíōs … miseîsthai … phileîsthai)*, pour se révéler fausse par la suite. En rattachant Ératosthène à Phidon, alors que, de l'aveu de Lysias lui-même, Ératosthène

n'a joué aucun rôle officiel sous le régime des Dix, l'orateur essaie de montrer que, loin de soutenir le rétablissement de la démocratie, son adversaire a poursuivi ses menées anti-démocratiques même après la chute des Trente. Sur le régime des Dix, qui marque une concession des Trois mille à la symbolique de la démocratie clisthénienne – chaque membre de la décarchie représentait une tribu –, voir XÉNOPHON, *Hell.*, II, 4, 23. Mais la concession n'était que symbolique : en effet, si d'après ARISTOTE, *Const. d'Athènes*, 38, les Dix avaient été expressément mandatés par les Trois Mille pour négocier la paix, Xénophon, pourtant bien plus proche des événements et n'ayant aucun intérêt idéologique à dénigrer les Trois Mille, ne dit rien d'un tel mandat. C'est un détail tout à fait caractéristique de la stratégie de Lysias. Certes, il voulait réhabiliter les Trois Mille, mais, à défaut de pouvoir parler de mandat explicite devant un public mixte qui avait vécu les événements, il fait état d'une « espérance » de réconciliation commune aux deux camps, espérance qui dédouane les oligarques du soupçon de jusqu'au-boutisme et qui laisse les Dix seuls responsables de la reprise de la guerre. D'où l'amphibologie suivante, qu'il serait préférable de ne pas « lisser » dans la traduction : les Dix « provoquèrent *(epoíēsan), aux dépens des gens de la ville (toîs ex ásteōs)*, une guerre *(pólemon)* contre les gens du Pirée *(epì toùs en Peiraieî)* ». En effet, un datif en complément du syntagme verbal « faire la guerre » désigne habituellement l'adversaire, si bien que, dans un premier temps, on croit comprendre que les Dix firent la guerre *aux gens de la ville* !

80. Se comparer à Thémistocle était sans doute un *topos* de la rhétorique politique athénienne, depuis au moins Cléon (cf. ARISTOPHANE, *Cavaliers*, vv. 810-819). Lysias ironise ici sur l'absurdité du *topos* tel que l'utilisait Théramène. Or,

selon une anecdote rapportée par Plutarque, *Lysandre*, 14, 5-6, Théramène aurait pris les devants : il expliquait que, en faisant détruire les fortifications (c'est-à-dire les Longs Murs et les remparts du Pirée), il sauvait les Athéniens, tout comme Thémistocle les avait sauvés quand il les faisait construire. À l'époque de Lysias, les Athéniens appelaient Longs Murs deux murailles parallèles de six kilomètres de long reliant Athènes à son port fortifié, le Pirée. Le projet initial (qui se situe dans la ligne de la politique de Thémistocle mais qui n'a pas été réalisé par lui) était de former un vaste triangle entre la ville d'Athènes, le Pirée, au sud-ouest, et Phalère, au sud d'Athènes. Ces premières fortifications furent construites entre 461 et 457, alors que Thémistocle était en exil et que les réformes démocratiques d'Éphialte venaient d'être votées. Mais l'espace ainsi créé s'est révélé indéfendable, notamment du côté de la mer – la vaste baie marécageuse formée par l'embouchure du Céphise restait très exposée. En 445, Périclès fit doubler le Long Mur nord (celui reliant Athènes au Pirée), créant ainsi un couloir sécurisé, capable d'assurer la continuité de l'approvisionnement par voie maritime quand bien même l'ennemi envahirait l'Attique. Le mur du Phalère fut progressivement abandonné. Voir Éd. Will, *Le Monde grec et l'Orient. Le ve siècle (510-403)*, Paris, 1989³, pp. 156-158 et 160-161. Noter que la ville de Corinthe est reliée au port de Léchaion par des Longs Murs depuis 460 et qu'un ouvrage du même type fut édifié à Mégare en 459.

85. Galerie de portraits des protagonistes du régime des Quatre Cents (411 av. J.-C.) : selon Thucydide, VIII, 68, 1, Pisandre est l'orateur qui prit la parole devant l'Assemblée pour proposer d'abolir la démocratie. Dès qu'il sentit le vent tourner, Pisandre se réfugia auprès des Spartiates de Décélie, puis disparut du paysage politique athénien. Aristocratès

était l'un des principaux dirigeants du régime oligarchique des Quatre Cents (voir J. K. DAVIES, *Athenian Propertied Families, 600-300 B.C.*, Oxford, 1971, n° 1904, pp. 56-59). Tant Aristocratès que Théramène se sont retournés contre leur propre camp dès qu'ils ont compris qu'ils ne pourraient jamais satisfaire leurs ambitions personnelles en restant fidèles à leurs amis politiques – en effet, les oligarques semblaient avoir perdu la partie après la quasi-sécession du corps expéditionnaire athénien à Samos. THUCYDIDE, VIII, 89, qui relate ces événements, confirme le jugement de Lysias sur les motivations des deux hommes : « ils n'écoutaient que leurs ambitions personnelles *(idías philotimías)* ». ARISTOTE, *Const. d'Athènes*, 33, 2, présente une version angélique, conforme à l'auréole de modération qui orne le portrait posthume de Théramène : « … Aristocratès et Théramène désapprouvaient les actes des Quatre Cents. En effet, ceux-ci décidaient de tout par eux-mêmes, sans en référer pour rien aux Cinq Mille. » Contrairement aux autres sources, qui présentent les deux hommes sur un pied d'égalité, Lysias attribue à Théramène un rôle de suiveur et à Aristocratès le rôle de leader (*metésche tôn Aristokrátous érgōn*, même formule qu'aux §§ 58 et 62, cf. n. 72 et 79). Cela se comprend : le fait d'avoir trahi les oligarques et favorisé le retour de la démocratie créait tout de même pour eux un préjugé favorable, qui ne convient pas à la stratégie de Lysias. Aristocratès fut l'un des six stratèges de la bataille des Arginuses exécutés en 406 (voir *supra*, Notes complémentaires, pp. 77-79). Callaischros était bien le nom du père de Critias, mais celui dont il est question ici est probablement un homonyme : voir J. K. DAVIES, *op. cit.*, n° 8792, notamment, pp. 327-328.

94. Il s'agit de l'Assemblée athénienne qui, en septembre 404, décida du changement de constitution

et qui fut convoquée après de longues tractations avec les Spartiates (dont la « mission » secrète infructueuse de Théramène ; cf. § 63, n. 80, 81 ; § 68, n. 88, 89) et de longues hésitations du corps civique athénien. Le moment que Théramène « jugeait opportun » pour laisser se réunir cette « constituante » était celui où l'ennemi serait en position de peser de tout son poids sur les décisions des Athéniens, après un blocus à la fois maritime et terrestre qui avait duré de septembre 405 jusqu'à la fin mars 404, et après un été passé à chercher un compromis satisfaisant à la fois pour les oligarques athéniens et pour les Spartiates. Les oligarques, après avoir essayé pendant tout l'été et finalement échoué de convaincre les démocrates de la nécessité de changer de régime, firent appel à Lysandre, qui opérait autour de l'île de Samos. Agis, qui commandait la garnison spartiate de Décélie, était déjà en train d'assiéger Athènes depuis un an, c'est-à-dire que les Athéniens avaient décidé de continuer à résister malgré leur défaite à Aigos Potamos. Voir XÉNOPHON, *Hell.*, II, 2, 3-4 ; 7-15. Le fort de Décélie, en territoire athénien, à une vingtaine de kilomètres au nord-est de la ville, était occupé en permanence par les Spartiates depuis 413 ; l'importance stratégique de cette base avancée fut telle que la dernière décennie de la guerre du Péloponnèse est communément appelée « Guerre de Décélie ».

101. Cf. XÉNOPHON, *Hell.*, II, 3, 2 ; ARISTOTE, *Const. d'Athènes*, 34, 3. Cependant, seul Lysias explique la façon dont furent désignés les Trente. Permettre à l'Assemblée de désigner le tiers des membres de la junte pourrait passer pour une concession au peuple. Lysias explique cela *(gár)* par la faiblesse des démocrates, qui n'oseraient pas se manifester, ce que les oligarques savaient pertinemment. Noter l'accumulation de verbes à l'imparfait de narration

(*parēggélleto*, « il était ordonné »... *heōrōn*, « ils voyaient » ... *ēpístanto*, « ils savaient pertinemment »), qui dramatise la narration et souligne l'oxymore *próteron ... ta méllonta*, sur lequel se clôt le paragraphe : ils *savaient à l'avance* tout ce qui *allait être fait* à l'assemblée ». Noter aussi l'anacoluthe entre les §§ 75 et 76, et le raisonnement implicite qui en découle : « Certes, *ils* (quelques *ponēroí*, des minables) le votèrent *(echeirotónēsan)*, mais c'est parce que l'ordre de voter le renversement de la démocratie *leur* avait été donné *(parēggéleto autoîs)*. Car *ils* (cette fois-ci, ce sont les instigateurs de la subversion) savaient *(ēpístanto)* que *vous* (le peuple) étiez faibles *(tēn humetéran asthéneian)*. Le régime, donc, ce n'est pas *vous*, ce sont *les instigateurs* de ces misérables *(ponēroi)* ». Le but est, une fois de plus, d'innocenter les juges de toute complicité, voire de faire d'eux des opposants au régime des Trente ; en effet, au pire, certains d'entre eux ont « obéi aux ordres » (*ta prostachthénta*, cf. §§ 25 et 90-91).

BIBLIOGRAPHIE

Quelques éditions du *Contre Ératosthène*

CAMPAGNA, G., *Lisia, Contro Eratostene ; Introduzione e commento a cura di…*, Turin, Lœscher-Chiantore, 1952.

COSATTINI, A., *Lisia, L'Orazione Contro Eratostene; Introduzione e commento a cura di…*, Milan, Signorelli, 1931.

EDWARDS, M. J., *Lysias. Five Speeches, Edited with Introduction, Commentary and Bibliography*, Londres, Bristol Classical Press/Duckworth, 1999.

EDWARDS, M., et USHER, S., *Greek Orators I : Antiphon and Lysias*, Text with translation, commentary and notes, Warminster, Aris and Phillips, 1985.

GERNET, L., et BIZOS, M., *Lysias, Discours,* Tome 1, I-XV, Paris, Les Belles Lettres, 2003[11] (1924).

JEBB, R., *Selections from the Attic Orators*, Londres, Macmillan, 1888 ; voir http://www.perseus.tufts.edu/hopper/text?doc=Perseus%3Atext%3A1999.04.0100%3Aspeech%3D12%3Asection%3D1

TODD, S. C., *Lysias. Translated by…*, Austin, University of Texas Press, 2000 (en attendant la publication du second volume de son monumental *Commentary on Lysias*, Oxford University Press).

Études

ADELEYE, G., « Critias : Member of the Four Hundred ? », *Transactions of the American Philological Association* 104, 1974, pp. 1-9.

ALLEN, D., « Greek Tragedy and Law », *in* M. GAGARIN et D. COHEN (éd.), *The Cambridge Companion to Ancient Greek Law*, Cambridge, 2005, pp. 374-393.

ANASTASSIADIS, B. I., *Eleusína. Théatro mias antidrastikés outopías*, Athènes, 2006 (en grec moderne, avec résumé en anglais, pp. 199-207).

BIELER, L., « A Political Slogan in Ancient Athens », *American Journal of Philology* 72, 2, 1951, pp. 181-184.

BLUNDELL, M. W., *Helping Friends and Harming Ennemies. A Study in Sophocles and Greek Ethics*, Cambridge, 1989.

BRUN, P., *Eisphora, syntaxis, stratiotika : recherches sur les finances militaires d'Athènes au IVe siècle av. J.-C.*, Besançon, 1983 ; téléchargeable intégralement sur http://ista.univ-fcomte.fr/biblio_num_Brun_Eisphora.html

CARTLEDGE, P., MILLETT, P. et TODD, S. (éd.), *Nomos. Essays in Athenian Law, Politics and Society*, Cambridge, 1990.

CHRIST, M. R., « Sycophancy and Attitudes to Litigation », 2003, http://www.stoa.org/projects/demos/article_sycophancy?page=all&greekEncoding=UnicodeC

COHEN, D., *Law, Violence and Community in Classical Athens*, Cambridge, 1995.

DAVIES, J. K., *Athenian Propertied Families, 600-300 B.C.*, Oxford, 1971.

GAGARIN, M., *Antiphon the Athenian. Oratory, Law and Justice in the Age of the Sophists*, Austin, 2002.

GAGARIN, M., et COHEN, D. (éd.), *The Cambridge Companion to Ancient Greek Law*, Cambridge, 2005.

GERNET, L., *Recherches sur le développement de la pensée juridique et morale en Grèce*, Paris, 2001 (1917).

HAMMOND, N. G. L., *A History of Greece to 322 B.C.*, Oxford, 1959.

HANSEN M. H., *La Démocratie athénienne à l'époque de Démosthène. Structure, principes et idéologie*, Paris, 1993 (Oxford, 1991).

HARDING, Ph., « The Theramenes Myth », *Phoenix* 28, 1, 1974, pp. 101-111.

HARRISON, A. R. W., *The Law of Athens*, vol. I, *The Family and Property*, Oxford, 1968.

HARRISON, A. R. W., *The Law of Athens*, vol. II, *Procedure*, Oxford, 1971.

HARVEY, D. « The Sykophant and Sykophancy : Vexatious Redefinition ? », *in* P. CARTLEDGE, P. MILLETT et S. TODD (éd.), *Nomos. Essays in Athenian Law, Politics and Society*, Cambridge, 1990, pp. 103-121.

ISAAC, Jules, *Les Oligarques, Essai d'histoire partiale*, Préface de P. ORY, Paris, Calmann-Lévy, 1989 (Minuit, 1945).

KRENTZ, P., *The Thirty at Athens*, Ithaca et New York, 1982.

LANNI, A. M., « Spectator Sport or Serious Politics ? *Hoi periestēkótes* and the Athenian Lawcourts », *Journal of Hellenic Studies* 117, 1997, pp. 183-189.

LATEINER, D., « "The man who does not meddle in politics". A *topos* in Lysias », *Classical World* 76, 1982, pp. 1-12.

LOENING, T. C., « The Autobiographical Speeches of Lysias and the Biographical Tradition », *Hermes* 109, 1981, pp. 280-294.

LORAUX, N., *La Cité divisée. L'oubli dans la mémoire d'Athènes*, Paris, 1997.

MURPHY, T. M., « The Vilification of Eratosthenes and Theramenes in Lysias 12 », *American Journal of Philology* 110, 1989, pp. 40-49.

MURRAY, O., « The Solonian Law of *Hubris* », *in* P. CARTLEDGE, P. MILLETT et S. TODD (éd.), *Nomos. Essays in Athenian Law, Politics and Society*, Cambridge, 1990, pp. 139-45.

OSBORNE, R., « Vexatious Litigation in Classical Athens : Sycophancy and the Sykophants », *in* P. CARTLEDGE, P. MILLETT et S. TODD (éd.), *Nomos. Essays in Athenian Law, Politics and Society*, Cambridge, 1990, pp. 83-102.

PRITCHETT, W. K., *The Greek State at War*, Part V, Berkeley, Los Angeles, Oxford, 1991.

ROMILLY, J. DE, « La notion de "classes moyennes" dans l'Athènes du Ve s. av. J.-C. », *Revue des Études Grecques* 100, 1987, pp. 1-17.

SERNA, P., *La République des girouettes. 1789-1815 et au-delà, une anomalie politique : la France de l'extrême centre*, Paris, 2005, pp. 136-4.1

SHAPIRO, H. A., « The Iconography of Mourning in Athenian Art », *American Journal of Archaeology* 95, 4, 1991, pp. 629-656.

SOMMERSTEIN, A. H., « Notes on Aristophanes' Knights », *Classical Quarterly* 30, 1980, pp. 46-56.

TODD, S. C., *A Commentary on Lysias, Speeches 1-11*, Oxford, 2007 (utilisé pour son Introduction générale, pp. 1-42).

TODD, S.C., *The Shape of Athenian Law*, Oxford, 1993.

VERNANT, J.-P., *Mythe et pensée chez les Grecs*, Paris, 1969.

WALBANK, M., « The Confiscation and Sale by the Poletai in 402/1 B.C. of the Property of the Thirty Tyrants », *Hesperia* 51, 1982, pp. 74-98.

WALLACE, R. W., *The Areopagos Council, to 307 B.C.*, Baltimore, 1989.

WHITEHEAD, D., *The Ideology of the Athenian Metic*, Cambridge, 1977.

WILL, Éd., *Le Monde grec et l'Orient. Le Ve siècle (510-403)*, Paris, 1989[3].

TABLE DES MATIÈRES

Dans la même collection

1. Aristophane, *Lysistrata*.
2. Aristote, *Constitution d'Athènes*.
3. Cicéron, *L'Amitié*.
4. Platon, *Alcibiade*.
5. Suétone, *Vies des douze Césars, Claude ~ Néron*.
6. Plotin, *Première Ennéade*.
7. Eschyle, *Les Sept contre Thèbes*.
8. Platon, *Critias*.
9. Aristote, *La Poétique*.
10. Horace, *Odes*.
11. Pline l'Ancien, *Histoire Naturelle*, XXXV, *La peinture*.
12. Virgile, *Bucoliques*.
13. Platon, *Ménexène*.
14. Tacite, *Vie d'Agricola ~ La Germanie*.
15. Platon, *Protagoras*.
16. Sophocle, *Antigone*.
17. Sénèque, *La Vie heureuse ~ La Providence*.
18. Cicéron, *Le Bien et le Mal*, *De finibus*, III.
19. Platon, *Gorgias*.
20. Hérodote, *L'Égypte*, *Histoires*, II.
21. César, *Guerre des Gaules*, I-II.
22. Ovide, *Les Amours*.
23. Plotin, *Deuxième Ennéade*.
24. Sophocle, *Œdipe Roi*.
25. Tite-Live, *Histoire romaine, I, La Fondation de Rome*.
26. Virgile, *Géorgiques*.
27. Pseudo-Sénèque, *Octavie*.
28. Catulle, *Poésies*.
29. Aristote, *Politique*, II.
30. Aristophane, *Les Guêpes*.
31. Homère, *Iliade*, chants I à VIII.
32. Euripide, *Les Bacchantes*.
33. Plaute, *Pseudolus*.
34. Tertullien, *Apologétique*.
35. Homère, *Iliade*, chants IX à XVI.
36. Platon, *Phèdre*.
37. Homère, *Iliade*, chants XVII à XXIV.
38. Salluste, *La Conjuration de Catilina*.
39. Cicéron, *Pro Milone*.

40. Platon, *Lysis*.
41. Plotin, *Troisième Ennéade*.
42. Diogène Laërce, *Vie de Platon*.
43. Pline l'Ancien, *Histoire naturelle*, XXXIII, *Nature des métaux*.
44. Pétrone, *Satiricon*.
45. Apulée, *Apologie*.
46. Lucien, *Alexandre ou le faux prophète*.
47. Plutarque, *Les Vies parallèles. Alcibiade ~ Coriolan*.
48. Démosthène, *Sur la Couronne*.
49. Euripide, *Hécube*.
50. Mamertin, *Panégyriques de Maximien* (289 et 291).
51. Platon, *Hippias mineur*.
52. Xénophon, *Anabase*, I-II.
53. Suétone, *Vies des douze Césars, Tibère ~ Caligula*.
54. Salluste, *La Guerre de Jugurtha*.
55. Eschyle, *Les Perses*.
56. Sophocle, *Ajax*.
57. Horace, *Satires*.
58. Homère, *Odyssée*, chants I à VII.
59. Homère, *Odyssée*, chants VIII à XV.
60. Homère, *Odyssée*, chants XVI à XXIV.
61. Juvénal, *Satires*.
62. Cicéron, *De la vieillesse* (*Caton l'Ancien*).
63. Julien, *Misopogon*.
64. Aristote, *Économique*.
65. Pline l'Ancien, *Histoire naturelle*, XXX, *Magie et pharmacopée*.
66. Platon, *Apologie de Socrate*.
67. Eschyle, *Les Suppliantes*.
68. Christopher Marlowe, *La Tragique Histoire du Docteur Faust*.
69. *La Bhagavad-Gîtâ*.
70. Ben Jonson, *Volpone ou le Renard*.
71. William Shakespeare, *Richard II*.
72. William Shakespeare, *Les Joyeuses Commères de Windsor*.
73. Pierre Gassendi, *Vie et mœurs d'Épicure*, vol. I.
74. Pierre Gassendi, *Vie et mœurs d'Épicure*, vol. II.
75. John Marston, *La Tragédie de Sophonisbe*.
76. John Webster, *La Duchesse d'Amalfi*.
77. Jean Second, *Les Baisers* - Michel Marulle, *Épigrammes*.
78. Plutarque, *Sur les oracles de la Pythie*.
79. Euripide, *Hélène*.
80. Hérodote, *Marathon, Histoires*, VI.
81. Sénèque, *Lettres à Lucilius*, livres III et IV.
82. Apulée, *Les Métamorphoses ou L'Âne d'or*.

83. Suétone, *Vies des douze Césars, César ~ Auguste.*
84. Aristophane, *Ploutos.*
85. Plutarque, *Érotikos. Dialogue sur l'amour.*
86. Xénophon, *Économique.*
87. Julien, *Lettres.*
88. Hésiode, *Théogonie.*
89. Lucien, *Portraits de philosophes.*
90. Lucien, *Voyages extraordinaires.*
91. Aristophane, *Nuées.*
92. Théocrite, *Idylles.*
93. Ovide, *Les Métamorphoses.*
94. Mullâ Sadrâ Shîrâzî, *Le verset de la lumière. Commentaire.*
95. Thucydide, *La Guerre du Péloponnèse*, livres I, II.
96. Thucydide, *La Guerre du Péloponnèse*, livres III, IV, V.
97. Thucydide, *La Guerre du Péloponnèse*, livres VI, VII, VIII.
98. Cicéron, *Pour Sextus Roscius.*
99. Lucrèce, *De la Nature.*
100. Platon, *Le Banquet.*
101. Lysias, *Contre Ératosthène.*
102. Lucien, *Comédies humaines.*
103. Plutarque, *Sur les délais de la justice divine.*
104. Sénèque, *Tragédies.*
105. Basile de Césarée, *Aux jeunes gens.*
106. Sophocle, *Philoctète.*
107. Aristophane, *Les Grenouilles.*
108. Euripide, *Médée.*
109. Cicéron, *Les Catilinaires.*
110. Achille Tatius, *Le Roman de Leucippé et Clitophon.*
111. Porphyre, *Vie de Plotin.*
112. Virgile, *L'Énéide.*
113. Cicéron, *Les Devoirs.*
114. Eschyle, *Agamemnon.*
115. Plutarque, *Vie d'Antoine.*
116. Lucien, *Dans les secrets des dieux.*
117. Lucien, *Jouer avec les mots.*
118. Flavius Josèphe, *Guerre des Juifs*, V.
119. Flavius Josèphe, *Contre Apion.*
120. Euripide, *Héraclès.*
121. Hésiode, *Les Travaux et les Jours.*
122. Porphyre, *Lettre à Marcella.*
123. Pline le Jeune, *Panégyrique de Trajan.*

Ce volume,
le cent unième
de la collection « Classiques en poche »,
publié aux Éditions Les Belles Lettres,
a été achevé d'imprimer
en avril 2021
par La Manufacture Imprimeur
52205 Langres Cedex, France

N° d'édition : 9875
N° d'impression : 210325
Dépôt légal : avril 2021